UNE

RÉUNION D'ÉLECTEURS,

OU

LE VOEU UNANIME.

ON TROUVE CHEZ LES MÊMES LIBRAIRES,

LE VOYAGE D'UN ÉTRANGER EN FRANCE, pendant les mois de novembre et décembre 1816. Un vol. in-8°. Prix, broché : 3 fr., et 3 fr. 60 cent. franc de port.

LE PAYSAN ET LE GENTILHOMME, anecdote récente; du même auteur. Un volume in-8°. Prix : 2 fr. 50 cent., et 3 fr. franc de port.

DE L'IMPRIMERIE DE MADAME JEUNEHOMME-CRÉMIÈRE,
rue Hautefeuille, n° 20

UNE

RÉUNION D'ÉLECTEURS,

OU

LE VOEU UNANIME;

PAR L'AUTEUR DU VOYAGE D'UN ÉTRANGER EN FRANCE, ET DU PAYSAN ET LE GENTILHOMME.

PARIS,

L'HUILLIER, LIBRAIRE, RUE SERPENTE, n° 16;

ET TOUS LES MARCHANDS DE NOUVEAUTÉS.

—

1817.

UNE

RÉUNION D'ÉLECTEURS,

OU

LE VŒU UNANIME.

Je vais tous les soirs dans une réunion dont j'ai été le fondateur avec plusieurs amis. Nous convînmes que chacun pourrait y amener les personnes de sa connaissance, et que ce titre suffirait pour les y faire bien recevoir. Nous nous connaissions assez pour ne pas juger nécessaire de dire qu'on n'y présenterait que des hommes dont notre ociété n'aurait pas à rougir.

C'eût été sans doute un spectacle digne de remarque que celui d'une société d'hommes s'abstenant de parler des affaires publiques, dans un moment où les sociétés de dames, mues par le désir d'ajouter de nouvelles lumières aux lumières imparfaites du siècle, ont abandonné le patrimoine des chiffons et des modes, pour se livrer à de profondes discussions sur les finances, la constitution et l'équilibre politique.

Il fut donc décidé, que la politique serait permise dans nos réunions, et on usa tellement de la permission, qu'elle usurpa bientôt la place secondaire que voulaient encore conserver dans nos conversations la littérature et les sciences.

Notre société, depuis ce moment, s'est érigée en une cour souveraine, où sont jugées en dernier ressort tous les actes des gouvernemens, toutes les discussions, les mesures, les opinions, les événemens ou les sottises qui méritent quelque attention.

Grâces au profond secret qui a toujours environné notre société, elle a traversé tous nos orages politiques sans être inquiétée. Il n'y a pas de doute qu'une discrétion moins sévère de la part des habitués, eût, soit anciennement, soit récemment, éveillé des soupçons et entraîné la dispersion de cette paisible réunion à laquelle on eût supposé des motifs qui nous ont toujours été étrangers.

Chacun faisant le soir hommage à ses associés de tout ce qu'il a vu, entendu, ou appris dans le cours de la journée, il est facile de juger que la conversation ne doit pas languir, et qu'il serait souvent à désirer qu'une sage économie en retranchât les nouvelles, qui ne sont pas dignes d'y figurer.

J'ai tellement contracté l'habitude de ces réunions, que toutes les fois qu'un fait quelconque occupe l'attention publique, je n'émets jamais définitivement mon opinion sur ce qui y a rapport, qu'après avoir entendu notre petit aréopage.

Un de nos amis vint me trouver dernièrement, pour me faire part de son incertitude sur le choix qu'il est à propos de combattre ou d'appuyer dans les nouvelles élections. Quoique ma façon de penser sur ce sujet fût fixée d'une manière invariable, je ne me permis pas de la lui communiquer; je lui proposai seulement de le présenter le soir dans la société en question, en lui disant qu'il pourrait y recevoir quelques éclaircissemens sur l'objet qui l'occupait.

Il accepta ma proposition. Quand nous arrivâmes, la conversation était déjà engagée avec beaucoup de chaleur. Outre les habitués, il y avait quelques personnes, que je rencontrais pour la première fois. Je vis avec plaisir qu'on en était justement sur le sujet que je voulais mettre en délibération ; mais tout le monde parlait à la fois et avec tant de véhémence, qu'il en résultait une confusion à travers laquelle on ne pouvait rien saisir d'intéressant et de suivi. (1) Je vois, me dit mon ami, que ces messieurs sont tellement divisés d'opinion, qu'ils ne peuvent même s'entendre, et que je sortirai d'ici tout aussi peu instruit que j'y suis entré. Patience, lui répon-

---

(1) La discussion était d'autant plus vive, que tous ceux qui se trouvaient là, étant appelés par leur fortune à prendre part aux élections, étaient appelés à bien diriger l'usage des droits qu'ils allaient bientôt exercer.

dis-je, tachons seulement de leur faire mettre un peu plus de sang froid dans leur dispute, et vous verrez qu'ils ne sont peut-être pas aussi éloignés que vous le croyez, de penser les uns comme les autres.

Je pris alors la parole, et, priant ces messieurs de m'accorder un moment d'attention : Vous avez, leur dis-je, entrepris une discussion fort intéressante par son sujet ; mais, où il est nécessaire de mettre un peu d'ordre et de méthode, si vous voulez qu'on puisse en retirer quelque espéce de profit : chacun de vous n'envisage la chose que sous le rapport qui le touche de plus près, et donnant tout à son idée dominante, il veut faire passer les considérations qui lui sont personnelles, avant celles qui, par la même raison, déterminent l'opinion des autres. Ainsi vous avez l'air de n'être point d'accord, quoique peut-être vos manières de voir aient entr'elles beaucoup de points de conformité. Que chacun développe successivement, et avec clarté, son opinion et les motifs sur lesquels elle est fondée, et si aprés cela il y a encore quelques articles sur lesquels vous différiez, vous pourrez reprendre votre discussion, qui alors sera plus instructive et plus utile, puisque les principes qui y donneront lieu auront été suffisamment expliqués.

Tout le monde se rendit à mon avis. Il se fit un moment de silence, pendant lequel chacun se recueillit pour mettre de l'ordre dans ses idées. Le premier qui fut prêt prit la parole, les autres parlèrent successivement.

Je donnerai ici leurs opinions telles qu'ils les développèrent, sans rien changer aux expressions naïves ou triviales dont ils se servirent. On fera attention que c'était une réunion particulière, où tout le monde à peu près se connaissant, avait peu de prétention à l'éloquence : en conséquence, on se fit grâce réciproquement des précautions oratoires et des phrases de tribune.

L'OBSERVATEUR.

Il y a quelque temps, que, me trouvant à la cam-campagne, je rencontrai un paysan déjà âgé. Sa taille était haute, sa figure était noble, et offrait les traces de plusieurs cicatrices. Je vis de suite que c'était un de ces vieux soldats qui, après avoir versé leur sang pour la gloire de leur patrie, arrosent de leurs sueurs le sol qui doit les nourrir. J'appris, en lui parlant, qu'il était entré au service il y a trente-cinq ans. Depuis ce temps-là il a fait toutes les guerres auxquelles la France à pris part. A l'époque où il eut pû, comme tant d'autres, parvenir rapidement aux plus hauts grades de l'armée, il refusa toutes les propositions d'avancement, qui lui furent faites, ne voyant dans sa conduite que l'accomplissement d'un devoir rigoureux, et ne croyant pas qu'on dût être récompensé pour n'avoir fait que son devoir. Il continua de se distinguer par une bravoure à toute épreuve. Il fut souvent blessé ; mais ses blessures ne l'arrêtaient qu'un moment, et il se sentait toujours de nouvelles forces lorsqu'il s'agissait de combattre pour son pays. Cet homme, qui trouvait un dédommagement suffisant de son sang et de ses fatigues, dans l'estime de ses chefs, dans sa propre estime et dans la gloire de sa patrie, a été dans tous les pays où se sont montrées les baïonnettes françaises. De Naples à Vienne, de Saint-Domingue au Caire, des colonnes d'Hercule à Moscou, sa marche infatigable a suivi celle de nos drapeaux. Enfin, quand après avoir été si loin braver les chances de la guerre et les rigueurs des climats les plus opposés, il fut obligé de combattre pour la défense de ses foyers, il chercha sur les champs de bataille, non plus la gloire, mais la mort, ne voulant pas survivre aux désastres de sa patrie. La mort, qui l'avait respecté tant de fois, trompa encore son espoir. Il fut relevé couvert de coups, et ne revint à la vie que pour voir sa patrie subjuguée. Alors il quitta en pleurant ses armes, qui n'avaient pu sauver l'indépendance de la France, et passa de l'état obscur de soldat à l'état obscur de laboureur.

Lorsque les armées coalisées menacérent encore nos frontières, il reprit les armes, et, non moins malheureux que la première fois, il ne put ni mourir, ni sauver la liberté de sa patrie.

Alors, désabusé pour toujours de ses illusions de gloire, si cruellement détruites, il revint cultiver le champ que son père lui avait laissé, et dont le produit suffisait à ses besoins. Il ne demanda point de solde de retraite. Assez d'autres, dit-il, ont perdu dans les combats l'usage de leurs bras, et n'ont pas comme moi un champ pour les nourrir. Que ceux-là aient part aux bienfaits du gouvernement; pour moi, je puis me suffire à moi-même.

Ainsi, renonçant à un salaire si bien mérité, il ne désira pour prix de ses services que la permission de vivre tranquille et ignoré. Quand je lui demandai s'il n'avait obtenu de la reconnaissance nationale aucune récompense de ses exploits, il ouvrit son gilet, et me montrant sur son sein la croix de la Légion-d'Honneur : Voilà, me dit-il, la seule récompense que j'aie jamais ambitionnée, celle-là me suffit.

Messieurs, j'ai beaucoup réfléchi sur le désintéressement de ce vertueux citoyen. J'ai appris que dans les rangs de nos armées, de pareils exemples n'étaient pas rares, et que parmi ceux qui labourent aujourd'hui nos champs, on trouverait une foule de ces vieux guerriers bien plus utiles à leur patrie, bien plus respectables, que tels individus couverts de rubans et d'honneurs usurpés.

Cette réflexion m'a conduit à penser que le désintéressement était peut-être la plus noble de toutes les vertus qui puisse distinguer un homme public ; que c'était par elle que les Fabricius et les Wasington s'étaient immortalisés ; que c'était par elle que les états naissans avaient acquis de la force, et que, quand un état touche à sa ruine, cette vertu est peut-être aussi la seule qui puisse le sauver.

C'est donc le désintéressement que vous devez chercher avant tout, dans ceux que vous allez élire. Vous en serez convaincus, en voyant qu'il ne nous a que trop manqué jusqu'à présent, et que c'est à son absence que vous avez dû peut-être les fautes, ou ridicules, ou odieuses d'une session trop fameuse.

Je sais bien qu'on m'objectera que chez un peuple dont nous avons été les imitateurs, les voix des représentans sont à vendre au plus offrant; mais ce qui est sans conséquence dans l'état de prospérité où ils se trouvent, deviendrait funeste parmi nous, qui sommes suspendus sur un abîme : et d'ailleurs si nous voulons imiter nos voisins, ce ne doit pas être dans ce qui déshonore leur caractère.

Je le répète : c'est le désintéressement qui doit être la première vertu de vos représentans ; et quoiqu'il soit rare aujourd'hui, vous en avez eu des exemples qui ne peuvent manquer d'en produire d'autres, quand vous les encouragerez comme vous le devez.

Le citoyen désintéressé n'a en vue que la prospérité de l'état et l'estime de ses concitoyens. Il dépend de nous de lui prouver qu'il a atteint le second de ces deux buts, et votre approbation unanime et hautement exprimée, doit satisfaire en lui cette noble ambition.

Celui qui brave les clameurs furibondes d'une majorité exaltée, pour défendre les principes de la justice et de l'humanité ; celui qui, dans la plus terrible crise où se soit jamais trouvée la France, offre à un gouvernement créé du jour même, et qui devait disparaître le lendemain, une partie considérable de sa fortune, pour faire face aux pressens besoins du moment, soumettant ainsi des intérêts particuliers aux mêmes chances qui menaçaient les intérêts publics ; qui, dans des temps plus calmes, sondant à la tribune les plaies de la nation, rend un hommage éclatant à son caractère, et propose d'employer encore une fois sa fortune pour relever le crédit public, ne mettant d'autres limites à ses offres, que celles que le gouvernement y mettra lui-même ; de tels citoyens sont désintéressés, et de tels citoyens méritent d'être cités pour modèles.

Français, il en est encore beaucoup de semblables, il ne s'agit que de savoir les choisir.

C'est parmi vous, c'est dans la classe des négocians, des propriétaires, des cultivateurs, qu'il faut les chercher. Citoyens, ce sont des citoyens comme vous, que vous chargerez de discuter vos intérêts, de défendre vos droits, d'assurer votre repos.

Vous ne choisirez plus de ces arrogans patriciens, qui, entichés de préjugés contraires à vos mœurs, indociles aux leçons du passé, voulaient bouleverser toutes vos institutions pour ramener des usages plus favorables à leurs prétentions et sur-tout à leur impéritie. Ceux-là ne travaillaient qu'à satisfaire leur vanité, et cette vanité était en opposition directe avec vos intérêts.

Vous ne choisirez plus de ces hommes qui, n'ayant retenu du passé que ce qu'il fallait en oublier, laissaient percer dans leurs discours le fiel qui corrompait leur ame, ne voulaient user de la force qu'ils croyaient avoir, qu'au profit de la vengeance, et mettaient le plus d'obstacles qu'ils pouvaient à la bonté, qui voulait tout pardonner. Ceux-là étaient guidés par la plus odieuse des passions, et se fussent replongés eux-mêmes dans tous les maux qu'ils voulaient faire expier à ceux qu'ils accusaient d'en être les auteurs.

Vous ne choisirez plus de ces coryphées de l'exagération, qui, après avoir enchéri sur tout ce que l'esprit de parti peut suggérer d'absurde et d'odieux, obtiennent pour prix de leur fureur désorganisatrice et de leur zèle frénétique, des emplois réservés à l'intégrité et au patriotisme, et quittent gaîment leur pays où ils ont contribué à réveiller tous les germes de discorde et de haine, sûrs que quand le volcan éclatera, ils n'en ressentiront pas à la commotion dix-huit cents lieues de distance.

Vous ne choisirez plus de ces orateurs si zélés pour le bien de l'état, qui trouvent toujours que les premiers emplois sont mal remplis, afin qu'on ouvre les yeux sur leur mérite, et qu'on les mette à la place de ceux qu'ils signalent comme indignes. Ceux-là ne se soucient que de leur intérêt personnel, et leur patelinage n'en peut plus imposer à personne.

Vous éviterez tous ces écueils en choisissant parmi vous des hommes que leur fortune mette à l'abri des séductions, mais qui, devant cette fortune à des travaux utiles ou à des spéculations heureuses, ne se soient pas seulement donné *la peine de naître*, et ne regardent pas toutes les faveurs du souverain, toutes les dignités de l'état, comme leur patrimoine.

Le patriotisme de ceux-là ne consistera pas dans de vains discours, dans de stériles déclamations. Ils sauront se dévouer à des sacrifices réels quand il le faudra. Au lieu de réclamer pour eux des prérogatives et des distinctions ; au lieu de compromettre la sûreté du trône par leur imprudente ambition, ils se soumettront à toutes les charges, à tous les articles qu'ils imposeront à leurs concitoyens, et sauveront l'état, si l'état peut être sauvé.

LE LIBRAIRE.

Vous vous imaginez sans doute, d'après ma profession, que je vais réclamer la liberté de la presse, que je vais demander que nos nouveaux représentans nous assurent cet important attribut d'un gouvernement représentatif. J'avoue que j'en suis partisan, et je trouve que les entraves qu'elle éprouve encore chez nous, contrastent d'une manière frappante avec les principes libéraux sur lesquels est basé notre gouvernement. Ces légions d'employés de la police, cernant tout à coup la maison d'un imprimeur, fouillant chez lui dans tous les recoins, et poursuivant à la piste le moindre exemplaire qui aurait échappé à la saisie, me rappellent trop les opérations du saint-office et de ses familiers; mais enfin, puisque des hommes dont la sagesse et la lumière ne sauraient être mises en question, ont jugé ces mesures nécessaires à la tranquillité, à la stabilité de l'état, je me soumets à leur décision ; et, sans reproduire ici les raisonnemens par lesquels on pourrait la combattre, je me bornerai à quelques considérations sur les poursuites dirigées contre les écrits jugés dangereux.

Sous un gouvernement représentatif, tous les actes du gouvernement sont justiciables de l'opinion publique. Tout citoyen peut donc publier sa façon de penser sur ces actes en eux-mêmes, sur l'effet qu'ils doivent produire, sur les conséquences qu'ils doivent avoir ; et pourvu qu'en les soumettant à l'examen et à la censure, il n'ait point tenté d'affaiblir l'obéissance qui leur est due ; qu'en cherchant à éclairer le gouvernement, il n'ait point cherché à le saper, à l'ébranler, ou à l'insulter ; il a non-seulement usé d'un droit qui lui appartient, mais encore il a rempli son devoir de citoyen. Mais, comme l'autorité toujours jalouse de ses droits, n'aime pas qu'on la contrarie, comme elle a en mains les moyens de venger les insultes faites à son amour-propre, elle s'aveugle quelquefois elle-même, et, parce qu'on émet des doutes sur son infaillibilité, elle trouve qu'on a offensé la majesté du trône.

Lorsqu'un Français écrit sur les affaires publiques, au milieu des souvenirs qui l'assiégent et des douleurs qui l'environnent, peut-on exiger qu'il reste froid et impassible, et que, dissertateur méthodique et sententieux, il s'interdise tout retour sur le passé, tout élan vers l'avenir? Si quelques expressions hasardées, quelques nuances trop fortes, quelques considérations peu ménagées, qui ont échappé au feu de la composition, suffisent pour faire poursuivre un ouvrage écrit du reste dans des vues patriotiques et dans des intentions, je ne dirai pas louables, mais innocentes, n'est-ce pas de fait interdire la faculté d'écrire sur les affaires publiques, et chasser la pensée du domaine où elle produit les fruits les plus importans et les plus utiles? C'est ce qui me paraît résulter de la manière dont les magistrats chargés de poursuivre les délits de la presse, se sont jusqu'à présent acquittés de cette obligation. Ils n'ont point cherché à établir, que l'ouvrage poursuivi était écrit dans des vues perverses et attentatoires à la sûreté du trône (j'en excepte cependant quelques écrits indignes de toute indulgence, dont les auteurs ont reçu une punition méritée); ils ont même souvent commencé par prévenir, qu'on n'y trouverait ni injures, ni provocation contre le gouvernement, ni tendance directe à aucun but coupable : c'est donc dans les détails qu'il a fallu chercher des prétextes à la rigueur exercée contre l'auteur. Alors on a cité des phrases isolées, dont l'effet est souvent affaibli par ce qui les suit ou les précède; on a rassemblé en corps des expressions hardies, des épithètes inconvenantes, des pensées trop libres; et de tous ces lambeaux unis ensemble par un rapprochement perfide, on a fait une masse imposante dont on accable l'auteur étonné lui-même qu'on ait pu trouver tout cela dans son ouvrage. Disons-le: en laissant toutes ces choses dans les pages où elles étaient délayées, on en eût presque toujours épargné la connaissance au public, qui ne les y eût point aperçues; au lieu qu'en les rassemblant, en les soutenant les unes par les autres, on leur a donné un degré de force qu'elles n'avaient pas avant. Je crois que, dans ces sortes d'affaires, on doit prendre pour modéle la cour royale d'Angers, qui, annullant l'arrêt rendu contre un homme de lettres, pose en principe que ce n'est pas dans des phrases isolées, incomplètes ou tronquées, que l'on doit chercher la véritable intention d'un auteur, mais dans l'ensemble de ses ouvrages.

Ces procédures ont encore un autre inconvénient. L'auteur, obligé de défendre, de justifier des expressions dont il n'a pas toujours senti la portée, se trouve souvent entraîné au-delà de ses opinions; emporté par la chaleur de la discussion, pour soutenir des choses écrites dans de bonnes intentions, il emploiera des raisonnemens qui pourront lui en faire supposer de mauvaises: en un mot, il défendra une action innocente par des discours répréhensibles, et, pour le punir d'avoir été imprudent, on le forcera à se rendre coupable (1). Et comme on ne peut enchaîner la langue d'un homme qui défend sa propriété et sa liberté, il

(1) Au moment où ceci fut écrit, l'expérience n'avait point encore confirmé les idées de l'auteur.

résultera de tout cela des plaidoyers bien plus hardis, bien plus scandaleux, bien plus dangereux que les écrits dont la supression y aura donné lieu.

Je voudrais que, dans la prochaine session, à laquelle nous devrons sans doute de voir compléter notre législation si imparfaite sous ce rapport, ces considérations fussent soumises à l'attention de la chambre.

Je vous ai parlé sur ce sujet autant comme citoyen que comme libraire; et c'est principalement comme citoyen que je vous communiquerai encore quelques réflexions.

Une spéculation de librairie fondée sur la réimpression des œuvres d'un écrivain qui honorera à jamais la nation française, a excité un déchaînement dont il n'y avait peut-être pas encore eu d'exemple. Le clergé s'est cru obligé d'intervenir dans l'affaire; voulant marcher sur les traces de Christophe de Beaumont, et oubliant la réponse que ce prélat s'est attirée, il foudroya la nouvelle édition, de tous les anathêmes épars dans les libelles des Frérons, des Desfontaines, des Labeaumelle, etc. Je ne me permettrai aucune réflexion contre ce mandement, qui a été assez refuté, persifflé, chansonné; je me réjouirai, au contraire, qu'il ait paru, puisqu'il a fait la fortune d'un de nos confrères.

Si on ne peut pas justifier la conduite du clergé dans cette circonstance, on pourrait au moins en rendre raison; mais que dans une assemblée représentative de la nation, dans une assemblée destinée à assurer son repos, en même temps qu'à défendre sa dignité, sa gloire et ses intérêts, des députés se soient rendus l'écho de ces plates vociférations, et que des éclats de rire unanimes n'aient point interrompu leurs impertinentes homélies, c'est ce dont je m'afflige à la fois comme philosophe, comme patriote et comme citoyen. Je m'en afflige, parce que la Chambre des Députés doit être environnée de la vénération du peuple, et que, chez une nation comme la nôtre, tout ce qui prête au ridicule tend à affaiblir ce sentiment, parce que je trouve enfin qu'ayant le malheur d'être tributaires des étrangers, il faut au moins éviter d'en devenir la fable.

La remarque que je fais est peut-être plus importante qu'on ne croit. Ces sottises, proclamées par des organes respectables, jettent une sorte d'incertitude sur les principes qui dirigent le gouvernement. Attendu qu'il les tolère, parce qu'il le doit, on conclut mal à propos qu'il les protége, et aussitôt vous voyez éclore une foule de nouvelles, de brochures et de pamphlets rédigés dans cet esprit, qu'on suppose lui être agréable.

C'est ainsi qu'un journal annonçait dernièrement que quarante-cinq soldats d'une légion avaient communié. Assurément, je suis bien éloigné de blâmer leur piété; loin de là, je l'approuve et la respecte; je ne me plains que de la voir proclamée dans les journaux. Un soldat doit se distinguer par sa valeur, sa discipline, son dévouement au souverain et à la patrie; c'est par ces vertus qu'il devient intéressant aux yeux de ses concitoyens; c'est leur exercice qu'il faut louer, citer, publier; mais dans ce qu'il fait de louable, il faut bien distinguer ce qui est relatif au bien public, de ce qui n'est relatif qu'à lui-même. Ainsi, quand les journaux m'annoncent qu'un régiment a bien manœuvré; que les généraux, qui l'ont inspecté, ont été satisfaits de sa tenue et de ses sentimens d'amour et de fidélité pour le Roi, je me réjouis, parce que je songe que la nouvelle armée justifiera les espérances que la France fonde sur elle. Mais quand on m'annonce que quarante-cinq soldats ont communié, je m'étonne qu'on juge cette nouvelle digne de fixer l'attention publique, parce que cet acte de piété, qui assure leur salut et tranquillise leur conscience, n'est utile qu'à leur satisfaction personnelle, et n'est d'aucun intérêt pour leurs concitoyens, parce qu'on n'a pas jusqu'à présent compté la communion dans l'énumération de leurs devoirs, et que ce n'est que par l'accomplissement de leurs devoirs qu'ils méritent qu'on s'occupe d'eux.

Je crois inutile d'ajouter une réflexion que j'entendais faire dernièrement : c'est que les soldats de Marengo et d'Austerlitz ne communiaient pas ostensiblement et qu'on doit se borner à tâcher de les égaler, sans songer à faire mieux qu'eux.

Je sais bien qu'on croit prouver par-là, que les sentimens religieux se propagent; mais c'est, suivant moi, s'y prendre d'une manière bien maladroite. Car en citant comme une chose remarquable la piété de ces quarante-cinq soldats, c'est indiquer qu'une action si ordinaire n'est pas commune parmi eux; c'est nous amener à ce résultat, que toute l'armée diffère de conduite avec ce petit nombre.

J'espère que toutes ces niaiseries ne se renouvelleront pas, lorsqu'on sera bien persuadé qu'elles n'ont point d'approbateurs parmi les législateurs de la nation. Ceci dépend en partie du choix que nous allons faire. Tâchons donc que nos nouveaux représentans, bien pénétrés des attributs d'un gouvernement représentatif, nous assurent d'abord la liberté de la presse, et qu'en s'occupant d'en réprimer les délits, ils les spécifient de manière à ce que les auteurs sachent d'avance, en écrivant, la peine à laquelle ils s'exposent, et qu'on ne puisse poursuivre l'inattention, l'imprudence ou les erreurs de l'inexpérience et d'un goût trop peu sévère, comme un projet de rebellion et un essai de la malveillance.

Les lumières qu'une loi aussi importante, suppose dans ceux auxquels nous en serons redevables, les empêcheront de supporter ces déclamations de collége, ces sermons ridicules, qui ne tendent qu'à avilir la nation en attaquant des hommes et des écrits dont elle s'honore, et qui transformeraient la tribune en une école d'ignorance, de mauvais goût et de pédantisme.

Espérons que les sentimens connus de ceux que nous allons élire, empêcheront ces honteuses sottises de se reproduire, en faisant juger d'avance la manière dont elles seraient reçues. Espérons en outre, que les renouvellemens successifs de la Chambre empêcheront qu'elle conserve dans son sein des hommes capables de vouloir se distinguer encore d'une aussi triste manière.

Alors nous n'aurons plus à rougir de ces extravagances, qui, en couvrant leurs auteurs de ridicule, rejaillisent toujours un peu sur la nation, qui semble en avoir fait ses organes. Alors, en perdant la supériorité, que donne la victoire, nous n'aurons pas perdu celle que donnent les lumières; triste et faible dédommagement, que quelques hommes semblent encore vouloir nous ravir!

L'INSTITUTEUR.

Messieurs, comme l'instruction publique influe d'une manière directe sur les mœurs, les lumières, et par conséquent sur les destinées d'un état ; je crois que ceux qui sont appelés à discuter et à défendre nos intérêts, doivent en faire l'objet d'une sérieuse attention, afin de la rappeler à la route qu'elle doit suivre, si malheureusement elle s'en écarte. Je voudrais donc que ceux que nous allons choisir fussent imbus de cette importante vérité, et je vais vous communiquer quelques réflexions que je voudrais soumettre à leurs méditations.

Autrefois c'était le tambour qui annonçait les heures de récréation et de travail ; aujourd'hui c'est la cloche. Passe encore pour cela : je conçois qu'on ne veuille pas faire des soldats de tous les jeunes gens ; mais ce n'est pas une raison pour en faire des capucins.

On voudrait faire croire que la première chose qu'on doive rechercher dans un pensionnat, c'est la manière dont on y enseigne la religion, dont on l'y fait pratiquer. Il semble, à entendre certaines gens, que les études ne soient qu'un objet secondaire. Qu'arrive-t-il de là ? c'est que la plus mauvaise de toutes les pensions peut se faire citer comme modèle, pourvu qu'elle surpasse les autres par la fréquence et l'austérité de ses exercices de piété. Or, Messieurs, par ce moyen, l'instruction publique ne serait plus une carrière laborieuse et honorable, mais seulement un assaut de jongleries. Car, en fait de pratiques religieuses, de l'exactitude à l'affectation, et de l'affectation au cagotisme, il n'y a qu'un pas, et ce pas est bientôt franchi, lorsque la concurrence est ouverte, et que le prix semble réservé à celui qui ira le plus loin.

Pour établir la réputation d'une maison, comment s'y prend-on, et qui est-ce qui en paie les frais ? Ce sont les enfans. Ce sont eux dont on tyrannise les facultés, dont on sacrifie le temps, l'éducation et quelquefois la santé, pour parvenir au résultat de procurer à la maison qu'ils habitent, une bonne renommée de piété, à des prières courtes qui se gravaient facilement dans leur mémoire, et qui n'exigeaient qu'un recueillement et une attention dont la durée était proportionnée à la frivolité de leur âge, on substitue d'interminables litanies qui lassent et rebutent leur imagination, et finissent par les excéder d'ennui. Ils allaient à la messe deux fois par semaine; il faut qu'ils y aillent tous les jours; il faut qu'ils y assistent dans une position gênante; il faut enfin qu'on les force à ne voir dans ce saint sacrifice, qui d'abord était l'objet de leur respect, que la plus maussade et la plus pénible corvée. Après cela suivent les vêpres, les confessions, où l'on éclaire souvent mal à propos leur heureuse ignorance. Puis les jeûnes, les jours maigres, les abstinences qui énervent des tempéramens non encore développés. Les études occupent le temps que tout cela leur laisse; et voilà ce qu'on appelle bien élever des jeunes gens.

Or, Messieurs, ceci a deux résultats inévitables. Les jeunes gens qui réfléchissent de bonne heure, qui sont doués d'une ame forte, d'un caractère élevé et d'une imagination vive, s'indignent bientôt des entraves où on les retient ; en dépit de leurs régens, ils font usage de la faculté de penser que la nature leur a donnée. Alors, se dévoile à leurs yeux le secret de toutes les pieuses grimaces auxquelles on les a fait participer. Alors, ils réduisent à sa véritable valeur ce charlatanisme, qui n'a obtenu de succès qu'aux dépens de leur raison : et, comme l'esprit humain donne toujours dans les extrêmes, ils ne distinguent pas la piété sincère des écarts du faux zèle, et ils enveloppent dans la même proscription, la religion, et le cagotisme qui lui est si opposé. Ils sortent donc des colléges révoltés, exaspérés contre tout ce qui tient au culte, après y être entrés avec des sentimens pieux, qu'il eût été si facile de cultiver.

Il en est d'autres qui, n'ayant reçu en partage qu'une lente raison, une tête faible, un esprit lourd et une ame commune, se laissent conduire docilement dans la route où on les égare. Alors, leur imagination exaltée par des sermons mystiques, assaillie des plus sottes terreurs, des plus pitoyables scrupules, ne voit plus de salut, de vertu, de bonheur, que dans les minutieuses pratiques qu'on leur enseigne. Alors, par une suite de ce détachement des choses du monde, qu'on leur cite comme le *nec plus ultrà* de la sagesse humaine, ils négligent tout ce qui peut orner leur esprit, éclairer leur raison. Ils végètent ainsi pendant plusieurs années dans la poussière des classes, cités toujours à leurs camarades comme des modèles de conduite. Ils sortent enfin, vieux enfans, qui ont perdu tout l'attrait de l'enfance, sans avoir rien acquis de ce qui fait le charme de la jeunesse. On les rend à leurs parens, très-savans sur les cas de conscience et les points de controverse, capables d'édifier et d'enchanter un cercle de dévotes; mais bien déplacés dans le monde et bien ridicules dans la société.

Je sais bien que les cuistres de collége et même les cuistres de société (car il y en a par-tout) diront : Qu'importe, qu'ils soient sots pourvu qu'ils soient dévots ; mais ce n'est point ainsi que parle le vrai citoyen.

Le vrai citoyen sait que les enfans ne sont plus destinés à mener une vie inutile à eux-mêmes, à charge à la société, à croupir sous la crasse du froc et dans la fange du monarchisme. Il sait qu'ils doivent être un jour citoyens eux-mêmes, qu'ils doivent en conséquence être élevés pour vivre parmi les hommes, pour connaître, pour servir les intérêts de leur patrie, et pour la défendre au besoin.

Ici il me semble que j'entends une clameur universelle qui s'élève contre moi. Veut-il encore faire des soldats de nos enfans ? va-t-on s'écrier. Non, je ne prétends pas les destiner tous exclusivement à la carrière militaire ; mais je ne prétends pas non plus en éloigner ceux que leur goût y porterait. Parce qu'on a abusé de l'humeur martiale de la nation, il faudrait donc chercher à étouffer cet instinct belliqueux, qui est le plus sûr garant du retour de son indépendance et de sa gloire. Il faudrait que la patrie, même délaissée, fût condamnée à ne plus voir dans ses enfans une pépinière de défenseurs. La plus noble des professions, celle qui condamne les hommes qui s'y dévouent aux fatigues, aux privations, aux douleurs et à la mort, pour la sûreté et le bien-être de tous, ne serait plus considérée que comme un métier de brigands, comme un état mercenaire et avilissant. Ah! c'est en vain qu'on voudrait amener les jeunes Français à de pareils sentimens : les exemples de leurs pères parlent plus haut que la voix de leurs régens. Ils sauront conserver intact ce dépôt de l'honneur national, que leur transmettra la génération présente !

A toutes ces considérations, j'en joindrai une plus importante encore peut-être. C'est que cette dévotion outrée finirait par fermer les écoles aux jeunes gens qui, ne professant pas la religion catholique et ne pouvant prendre part aux mêmes exercices que les autres élèves, seraient en butte aux virulentes apostrophes des docteurs orthodoxes, et se verraient signalés par ces intrépides champions de la foi, comme des hérétiques, des impies, comme un objet de scandale. Ils se trouveraient donc obligés d'avoir des établissemens particuliers pour leur éducation ; ce qui détruirait le systéme d'unité qui doit réguer dans les institutions publiques : ils se trouveraient, pour ainsi dire, exclus de la communauté des autres citoyens; ce qui serait essentiellement contraire aux lois de l'état, qui, en consacrant la liberté des cultes, ont rigoureusement proscrit toute espèce de distinction, de préférence, d'exclusion, de défaveur, qui n'aurait d'autre motif que la différence de religion.

Vous trouverez peut-être que je combats mal à propos des idées que le gouvernement réprouve, que la nation entière désavoue, et qui sont le partage exclusif d'une classe d'hommes aussi étrangère à toute espèce de gloire, qu'à tout sentiment de patriotisme ; mais quand cette classe veut forcer toutes les autres à penser comme elle, quand elle étend par tous les moyens possibles les principes de sa doctrine, il faut lui résister ouvertement ; il faut démasquer ces hommes qui trouvent que la France est remontée au rang des nations, non point parce qu'elle y jouit des bienfaits d'un gouvernement légitime, et fondé sur les lois, mais parce qu'elle est devenue l'esclave de toutes les nations de l'Europe.

Je m'attends bien qu'on va crier que je suis un athée, un impie, un scélérat. Je ne suis cependant rien de tout cela, et je vais vous le prouver par l'exposé de mes principes.

Je voudrais qu'en enseignant la religion aux enfans, on s'en servît comme d'un moyen d'ouvrir leur esprit, d'adoucir leur caractère, d'élever leur ame. Je voudrais qu'on leur apprît à aimer Dieu plutôt qu'à le craindre; à se confier dans sa bonté, plutôt qu'à se défier de sa rigueur. Je voudrais enfin que la religion ne se présentât jamais à leur imagination, qu'accompagnée de tout ce que les idées de morale, de vertu et de patrie, peuvent y ajouter d'imposant et de sublime. Alors, on la leur ferait aimer sans les rendre superstitieux; alors on en ferait des citoyens en même temps que des chrétiens; et c'est, suivant moi, le but auquel doit tendre l'instruction publique sous un gouvernement comme le nôtre.

Je ne crois pas que ce but soit difficile à atteindre. Il ne faudra que modérer ce zèle fougueux qui dénature, en en abusant, les institutions les plus sages et les plus utiles dans leurs principes. Il faudra leur faire apprendre des prières qu'ils puissent comprendre et qui ne les fatiguent pas par leur longueur. Il faudra les faire aller à la messe, mais pas tous les jours, parce qu'en faisant pour eux une habitude de cette cérémonie auguste, elle perd ce qu'elle avait à leurs yeux d'imposant et de respectable, et rentre dans la classe des passe-temps ordinaires de la journée; parce que l'ame des enfans, susceptible de s'élever quelquefois au recueillement et à la prière, se lasse lorsqu'on exige d'elle trop souvent cette disposition, qui ne lui est pas familière. Enfin, je voudrais qu'on les fît assister à la messe à genoux quand il le faut, et, dans les autres momens, debout ou assis, au lieu de les assujettir à une génuflexion non interrompue, qui les fatigue et leur fait désirer la fin de la cérémonie; qu'on leur donnât pour diriger leur conscience, des hommes plus éclairés que minutieux, qui ne leur fissent jamais de questions, et que dans l'observation de l'abstinence des jours maigres, on conciliât ce qu'exige rigoureusement l'église, avec ce qu'exigent la santé et le développement des enfans.

Je sais bien qu'en se conduisant d'après mes idées, tout cet échafaudage, sur lequel se sont hissés quelques réformateurs des mœurs, croulerait de lui-même. Je sais bien que nous ne verrions plus de ces sorties vigoureuses, qui, de temps en temps, épouvantent les enfans, étonnent les hommes raisonnables, et fournissent aux esprits malins des sujets de plaisanteries. Alors, oh certainement alors, on ne verrait point un décret foudroyant lancé contre un instituteur qui a eu le tort de ne pas sentir que ses élèves devaient être des pédans plutôt que des hommes. De pauvres jeunes gens, qui, au lieu de passer la soirée à polissonner, ont mieux aimé la passer à voir représenter une belle tragédie par un grand acteur, ne seraient point séquestrés des autres colléges comme des pestiférés. Ils ne seraient point forcés de charger deux d'entre eux de l'énormité de ce crime, auquel tous ont participé. Enfin, deux victimes ne seraient point obligées de se dévouer pour la levée de l'excommunication générale; dévouement qui, par parenthèse, méritait autant d'estime et d'éloges, que la décision qui l'avait rendue nécessaire méritait de sentimens opposés.

Je n'en finirais pas, si je voulais me permettre toutes les réflexions que de pareils faits font naître; si je signalais tous les abus qui s'introduisent petit à petit dans l'instruction publique, abus que je ne craindrai jamais d'attaquer, dût-on me traiter de sacrilége.

Vous sentirez la nécessité, Messieurs, que les députés que nous allons nommer fassent d'une chose si importante l'objet de leurs méditations. Il faut qu'ils proclament à la tribune, qu'on n'est pas bon chrétien quand on n'est pas bon citoyen, et qu'en payant ce qu'on doit à Dieu, on n'est pas dispensé de payer ce qu'on doit à la société et à son pays.

Alors, la France ne sera plus affligée du scandale que lui ont donné ces orateurs, oiseaux des ténèbres que blessait le soleil, qui, chaque fois qu'il était question des progrès des lumières et des sciences, s'écriaient : Que nous en savions trop, que c'était la science qui nous avait perdus, que philosophie était synonyme d'athéisme, raison synonyme d'anarchie, et qui croyaient démontrer par ces plates allégations, la nécessité de nous ramener à une ignorance dont leurs discours nous offraient déjà de si beaux modèles. La nation s'est indignée qu'on pût la croire complice des absurdités qui compromettaient ainsi sa dignité aux yeux de l'Europe. Il faut que les représentans qu'elle va choisir effacent l'impression, et jusqu'au souvenir de ces monstrueuses extravagances. C'est à vous, Messieurs, qu'elle devra cet important résultat ; c'est à vous qu'elle devra l'avantage de conserver une réputation de raison, d'esprit et de civilisation, qui finirait par lui échapper.

L'ÉPURÉ.

J'AVAIS une place, je n'en ai plus, et comme je puis m'en passer, je ne me soucie pas d'en ravoir une ; mais je m'intéresse toujours à ceux qui en ont. Je voudrais qu'ils pussent être désormais plus tranquilles qu'ils ne l'ont été, sans en excepter mon successeur, contre lequel je n'ai point de rancune. Écoutez donc ce que j'ai à vous dire.

J'étais receveur particulier dans une ville de province. Je m'occupais plus de mon état que des affaires publiques ; et quoique je prisse à celles-ci l'intérêt qu'on doit y prendre, à moins d'être un sot ou un misérable, je ne m'étais jamais écarté de cette modération qui est dans mon caractère et dans mes principes. J'avais été assez lié avec madame de ***, veuve d'un ancien président à mortier. Cette dame, dans les dernières circonstances, s'était établie directrice de l'opinion publique; elle donnait le ton à toutes les cotteries, et elle avait fini par ne plus vouloir me recevoir chez elle, attendu, disait-elle, que j'étais trop modéré.

Les choses en étaient là, lorsque les alliés entrèrent en France et s'approchèrent de notre ville. La présidente endoctrina si bien quelques femmes de ses amies, qu'elle les détermina à aller au-devant d'eux, et à les recevoir avec toutes les démonstrations possibles de joie et de cordialité.

Je m'enfermai chez moi pour ne point être témoin de cette farce indécente. La présidente, à la tête de la députation, alla complimenter les vainqueurs à la porte de la ville. Le colonel, qui commandait la colonne, se mit à rire en voyant cette ambassade d'une nouvelle espèce, et, sans cesser de fumer sa pipe, il leur dit : *Das ist gut*, et passa outre.

La présidente, attribuant cet accueil à la différence des mœurs et des usages, rentra bien vite en ville pour donner des conseils au maire sur la répartition des logemens à faire entre les habitans. Il résulta de ces conseils, que j'eus cinquante soldats à loger, attendu, disait-on, que je ne m'étais pas montré, et que ce jour-là, en parlant des alliés, j'avait dit les *ennemis*.

La présidente voulut que le colonel logeât chez elle, pour plusieurs raisons. D'abord cela la dispensait d'en loger d'autres, et un seul hôte est toujours plus facile à contenter, et moins dispendieux que plusieurs. Ensuite elle croyait avoir droit à ses égards. C'était en outre un appui, une protection qui devait augmenter l'influence qu'elle exerçait déjà sur l'opinion.

Malheureusement, on avait oublié de lui dire que le colonel avait six adjudans, dix domestiques et quinze ordonnances, dont il était inséparable. Lorsque la présidente vit cette suite à laquelle elle ne s'attendait pas, elle alla réclamer à la municipalité ; mais le colonel, qui avait déjà visité la maison, et qui la trouvait à son gré, s'installa définitivement ; et lorsque la présidente revint avec des billets pour les ordonnances, elle le trouva à table avec ses adjudans. Le colonel lui signifia qu'il ne se séparait jamais de son monde, et que la maison lui convenant, il entendait que toute sa suite y restât. Il fallut se résigner ; les domestiques commençaient déjà à faire tapage, parce qu'on ne leur ouvrait pas les portes. Le colonel, auquel on s'en plaignit, tomba sur eux, et après qu'il leur eut donné une trentaine de coups de canne, tout rentra dans l'ordre. La présidente se consola un peu, en voyant cet acte de justice, qui lui fit penser qu'elle n'aurait qu'à se louer des procédés de son hôte ; mais le soir la scène changea. Le colonel, après avoir soupé, se grisa, les adjudans en firent autant ; puis enfin, les domestiques et les ordonnances. Alors commença dans la maison un vacarme épouvantable, on se fit donner les clefs de la cave, on houspilla les servantes, et la présidente n'eut que le temps de se sauver à la mairie, où elle arriva tout éplorée, en demandant assistance et protection. Le malheur voulut que je me trouvasse là ; et comme j'avais sur le cœur la gratification de cinquante soldats, dont j'étais redevable à sa sollicitude ; je lui dis avec un air un peu moqueur : Que les preux chevaliers de la sainte alliance avaient des procédés bien étranges envers les dames qui se mettaient en frais pour les recevoir. La présidente, qui comprit mon intention, me jeta un coup-d'œil terrible. Depuis ce temps-là, Messieurs, elle ne respira que vengeance; et c'est sans doute à cette mauvaise plaisanterie, que j'ai dû les désagrémens très-sérieux que j'éprouvai par la suite.

D'autres troupes remplacèrent celles que nous avions d'abord, et dans ces différens changemens, j'eus toujours le même contingent à loger. Les élections se firent, et il nous arriva bientôt un nouveau préfet.

Lorsque j'allai pour lui présenter mes devoirs, on me dit qu'il était avec madame la présidente. J'y retournai dans un autre moment; mais alors on me dit qu'il ne voulait pas me recevoir. Je compris qu'on m'avait nui dans son esprit, et je ne cherchai plus à le voir.

Ce fut dans ce moment qu'on commença à parler d'une épuration générale dans toutes les branches de l'administration. La présidente avait un neveu qui avait été garde-magasin dans les armées, et qui manifesta publiquement le plaisir qu'il aurait à me remplacer dans mon emploi. C'était dire claire- ment qu'on m'avait dénoncé, et qu'on agissait contre moi, ce qui n'était que vrai; mais une circonstance me sauva, ou plutôt retarda de quelques instans ma disgrâce. Un député, qui habitait la ville, avait un de ses amis auquel il avait aussi promis une place, de sorte que ses prétentions contrariant celles de la présidente, il était probable que je ne *sauterais* que lorsqu'ils seraient d'accord, parce qu'aucun des deux ne voulait porter le coup décisif, sans être sûr que le remplacement se fît selon ses désirs. La présidente faisait valoir les liens du sang qui l'unissaient au candidat qu'elle proposait; liens qui méritaient, suivant elle, plus d'égards que ceux de l'amitié. Elle était en outre appuyée de la recommandation du préfet; mais le député se prévalait de son caractère et de l'avantage qu'il avait d'être sur les lieux pour faire les démarches et les sollicitations nécessaires. Il est probable que cette contestation eût duré longtemps, et que peut-être on m'eût fait la grâce de m'oublier et de me laisser tranquille, si un incident bien malheureux pour moi n'y eût mis fin. Le neveu de la marquise fut nommé chef-d'escadron ; alors le député n'ayant plus cette concurrence gênante, expédia de suite mon affaire ; c'est-à-dire, que je fus destitué, et que son ami fut nommé à ma place.

J'ai appris que c'était là ce qu'on appelait une épuration, et que c'était de cette manière et par ces ressorts que cette opération s'était faite à peu près par-tout. Il y a des gens qui disent qu'il fallait que cela fût ainsi. A la bonne heure ; mais tenons-nous en là.

Si le gouvernement veut être servi avec dévouement et avec zèle, il est essentiel que ceux qu'il emploie puissent compter sur la stabilité de leur état, et qu'ils n'aient point sans cesse à redouter les effets d'un caprice ou d'une dénonciation. Nous ne verrons plus, je l'espère, des hommes obscurs revêtus des plus obscurs emplois, érigés en conspirateurs et en factieux, recevoir par l'influence qu'on leur supposait, une importance dont ils ne se croyaient guère susceptibles. On ne les verra plus dénoncés pour des choses indifférentes en elles-mêmes, mais envenimées par la calomnie, pour des fautes commises il y a quinze ou vingt ans, persécutés, insultés par ceux qui voulaient avoir leur emploi : car c'était là le grand but, c'est le fond des épurations.

Les députés que nous allons choisir n'auront pas besoin de réprimer ces abus, puisque la sagesse du Roi y a mis un terme ; mais ils devront exprimer la volonté ferme et inébranlable d'empêcher qu'ils ne se renouvellent, et manifester leur indignation contre quiconque aurait l'air de les regretter. Ils nous épargneront le chagrin d'entendre encore des hommes se plaindre qu'on n'ait pas poussé assez loin la pratique des épurations, demander qu'on l'étende sur le petit nombre qui a échappé à cette tempête désorganisatrice, et dire que le gouvernement est menacé, parce qu'il n'a pas fait assez de malheureux et de mécontens. Nous n'entendrons plus de ces discours où la vengeance trompée prenait le langage d'une plate ironie, où on osait présenter, sous les couleurs de la trahison, l'esprit de modération et de sagesse qui avait mis fin aux triomphes de la calomnie, de la bassesse et de l'intrigue.

Non, Messieurs, grâces à l'esprit qui va vous guider dans les élections, la prochaine session n'offrira plus un spectacle aussi affligeant pour les gens de bien, pour les bons citoyens et pour les amis du Roi.

Nos nouveaux représentans, en prenant pour base de leur conduite les principes consacrés par la sagesse du monarque, feront aussi éclater les sentimens d'honneur, de loyauté et de justice, qui caractérisent de vrais Français. De pareils sentimens de leur part nous sont un sûr garant que des discours, comme ceux que nous venons de citer, ne profaneront plus une tribune consacrée aux inspirations de la raison, de la vertu, de l'honneur et du patriotisme.

LE PROVINCIAL.

Messieurs, pour vous bien faire connaître mes intentions, il faut que je commence par vous conter mon histoire. J'ai habité la province jusqu'à ce jour, et c'est ce qui m'est arrivé récemment, qui m'a engagé à me fixer à Paris, où j'ai aussi des propriétés. Je me suis marié il y a vingt ans. J'aimais ma femme, j'en ai eu un enfant, et je puis me flatter d'avoir été pendant dix-neuf ans, dans mon ménage, le plus heureux des hommes. Ma femme a toujours eu un grand penchant à la dévotion; mais comme elle avait chargé de la direction de sa conscience le curé qui nous a mariés, homme respectable et d'une piété douce et raisonnable, il avait su la garantir de tout excès, à cet égard, en lui enseignant que l'accomplissement des devoirs sociaux était le meilleur moyen de se rendre agréable à Dieu.

J'étais donc heureux, très-heureux, lorsqu'on annonça qu'une troupe de missionnaires allait arriver dans la ville que j'habitais. Ce fut un grand sujet de joie pour les ames pieuses c'en fut un aussi pour les oisifs et les gobes-mouches, attendu que nous n'avions pas de comédiens dans ce moment-là.

Le jour de leur arrivée, j'en rencontrai un chez une vieille dévote de l'endroit. Je liai conversation avec lui; et quoique je ne sois pas fort en fait d'étymologie, je pensai que missionnaire venait de mission, et je lui demandai en conséquence, quelle était sa mission et de qui il la tenait : Ma mission, me dit-il, est plus respectable que celle d'aucun ambassadeur qu'il y ait au monde, car elle me vient de Dieu même, par l'organe de son vicaire. Je baissai la tête devant l'envoyé de Dieu, et je lui demandai quel était le but de sa mission : Ma mission, me dit-il, est de propager la foi, d'extirper l'hérésie, d'arracher les fruits des doctrines impies, révolutionnaires et philosophiques. Vous entreprenez là, lui dis-je, un grand ouvrage; je crois que vous feriez mieux de vous borner à entretenir, à réchauffer la piété dans le cœur des fidèles, à l'inspirer, s'il est possible, aux indifférens, et à laisser tranquilles les incrédules. Comment, me répondit-il, chrétien timide et sans foi, vous pensez que ce n'est pas une œuvre pie que de rendre abominables aux yeux des hommes ceux qui sont déjà abominables devant Dieu !

La perspective de l'abomination présente et future m'en imposa tellement, que je n'osai pas lui répondre, de peur de me voir rangé dans la classe des abominables.

Ma femme commença à suivre leurs sermons avec beaucoup d'assiduité. Elle en revenait presque toujours triste, préoccupée et de mauvaise humeur. J'en concluais que les sermons faisaient de l'effet sur elle, et je prenais patience.

Je résolus pourtant de l'accompagner un jour pour juger du talent des prédicateurs. Au moment où je lui offrais le bras pour la conduire, jugez quelle fut ma surprise de l'entendre me dire que le sermon de ce jour était spécialement destiné aux femmes, et qu'elle me priait de l'y laisser aller seule. Ah! pour le coup, ceci me parut trop fort, et je lui signifiai avec une énergie, qui ne m'est pas ordinaire, qu'elle n'irait pas dans un lieu où elle ne voulait pas que je l'accompagnasse. Ce n'est pas, Messieurs, que j'eusse la moindre crainte, le moindre soupçon, sur la conduite de cette chère femme. Oh! j'en suis incapable. Sur ce chapitre-là, j'ai cette foi robuste, qui sauve l'homme. Mais ce caprice, ou de sa part, ou de celle de son prédicateur, me paraissait tellement bizarre, que je ne crus pas devoir m'y plier.

Ma femme pleura, supplia, s'emporta. Elle sut si bien user de l'ascendant que je lui ai laissé prendre sur moi, que je finis par m'adoucir et la laisser aller seule à son sermon. Plût à Dieu, Messieurs, que j'eusse persisté dans mon refus! Je me serais épargné bien des chagrins. *Inde prima mali labes*. C'est de ce maudit sermon que datent toutes nos tribulations.

Ma femme rentra chez moi égarée, hors d'elle-même, semblable à une euménide, ou à une princesse de théâtre. Son fils, comme de coutume, s'avança pour l'embrasser : Éloigne-toi, lui dit-elle, malheureux bâtard, ne m'approche pas ! Le pauvre enfant se mit à pleurer ; moi je m'avançai à mon tour et lui dis : Ma chère femme qu'est-ce que tu as ? Ta femme, s'écria-t-elle, je ne suis pas ta femme ! je ne suis que ta concubine. Tu m'as perdue, malheureux, ou plutôt nous nous sommes perdus tous deux. Hélas ! me dis-je alors, ma pauvre chère épouse a le transport au cerveau ! J'envoyai chercher un médecin, et je me mis en devoir de lui administrer de l'éther et autres calmans. Mais que devins-je, Messieurs, lorsque j'entendis ma femme, après que son agitation fut un peu apaisée, me développer et me soutenir les odieuses paroles que j'avais cru être l'effet du délire, et tout cela parce que son prédicateur avait dit, que les femmes qui avaient été mariées par des prêtres assermentés, n'étaient point mariées aux yeux de l'Église, qu'elles avaient vécu en concubinage, qu'il fallait qu'elles fissent pénitence et se remariassent.

Je fus tellement bouleversé par toutes ces absurdités, dont je voyais ma femme entichée, que je sortis pour prendre l'air et me remettre un peu. Je voulais aller consulter deux voisins, en qui j'ai beaucoup de confiance, sur le cas particulier où je me trouvais. En montant l'escalier du premier, chez lequel je me rendis, j'entendis du bruit dans sa chambre et quelques cris étouffés. J'entrai cependant. Je le trouvai pâle et tout tremblant de colère, ayant une houssine à la main. Sa femme était dans un coin, cachant son visage dans ses deux mains et sanglottant de toute sa force. J'avais à peine commencé à lui conter mon affaire, qu'il m'interrompit : Parbleu, dit-il, on avait aussi monté la tête de ma femme; mais je viens d'appliquer le remède : malheur à elle si elle s'avise de me reparler de semblables visions, ou de retourner aux sermons des missionnaires ! Je devinai de suite quel était le remède qu'il avait employé, et je sortis de chez lui peu disposé à user de cette recette pour laquelle mes principes m'inspiraient une répugnance invincible. Je dois cependant à la vérité de dire, que depuis ce temps-là sa femme n'a plus été au sermon, qu'elle est redevenue ce qu'elle était avant, c'est-à-dire, bonne mère et bonne épouse, et qu'aucun nuage n'a plus troublé la tranquillité de son ménage : tant il est quelquefois avantageux de couper le mal dans sa racine par des remèdes vigoureux !

Je sortis de chez lui pour aller chez l'autre voisin. Je trouvai celui-ci dans la rue, gesticulant, grinçant des dents comme un possédé, et faisant de temps à autre le moulinet avec une grande canne dont il était armé. Je m'approchai pour lui demander le sujet de son agitation : On a tourné la tête à ma femme, me dit-il ; on a détruit le bonheur et la paix de mon ménage, il faut que j'en tire vengeance. — Et sur qui ? — Sur ces tisons de discorde. — Arrêtez, lui dis-je, je suis dans le même cas que vous ; mais je me garderai bien de tout acte de violence. Ces Messieurs ne considéreraient pas les coups de canne que vous leur donneriez, comme une persécution dirigée contre l'Église et qu'il faut endurer pour l'édification du prochain : non contens de vous damner dans l'autre monde, ils commenceraient par vous faire emprisonner dans celui-ci, et, en attendant l'arrêt de la justice divine, ils attireraient sur vous les arrêts de la justice humaine, qui a un effet plus prompt et plus immédiat.

Je finis par lui faire entendre raison et le reconduisis chez lui.

Je rentrai chez moi tout aussi triste q e je l'étais en sortant. Car, voir que je n'étais pas le seul à plaindre, n'était pas pour moi un motif de consolation.

Ma maison était devenue pour moi un véritable enfer. Ma femme ne voulait plus ni me parler, ni me voir. Elle était toujours en prières, en jeûne, en expiations ; son fils même paraissait lui être devenu tout-à-fait indifférent.

Tout ceci se passait pendant le carnaval. Écoutez-moi de grâce : mon histoire va finir, j'arrive à la catastrophe.

Le dimanche gras, j'allai dîner chez un de mes amis pour me distraire de mes chagrins domestiques. Je rentrai chez moi assez tard : ma femme n'y était pas, elle était sortie le soir ; on ignorait où elle était allée ; il était minuit et elle ne paraissait pas. Vous jugez de mon inquiétude ; je ne savais où aller la chercher : je ne pouvais supposer qu'elle fût allée au bal ; d'après la vie pénitente qu'elle menait, cette supposition était inadmissible. J'étais véritablement au désespoir, car je ne la rendais pas responsable de tous les torts qu'elle avait envers moi, et je l'aimais toujours comme dans le temps où elle me rendait heureux.

Je ne me couchai pas, je passai la nuit dans la plus douloureuse agitation. Vers le matin je m'endormis sur une chaise : il était neuf heures quand je m'éveillai ; ma femme n'avait pas paru.

Je sortis de chez moi dans un état d'égarement difficile à décrire. J'étais si peu disposé à prendre part aux amusemens de ce jour, que je ne faisais pas attention à ce qui se passait autour de moi. Cependant une troupe nombreuse s'avançait, j'entendais des chants graves, je voyais de longues files d'individus rangés les uns derrière les autres et marchant d'un pas lent et mesuré. J'étais surpris qu'une mascarade eût une allure aussi imposante ; j'étais surpris, sur-tout, que dans les temps malheureux où nous nous trouvons, on se permît de semblables réjouissances, qui semblaient insulter à la misère publique.

Quand je fus tout près, je reconnus que je m'étais trompé, et que ce que j'avais pris pour une mascarade, était une procession ayant à sa tête les missionnaires et un immense crucifix qu'on portait en triomphe. Un enfant du peuple, qui, à pareil jour n'avait jamais vu pareil spectacle, salua la procession du cri dont il saluait ordinairement les troupes de masques, qu'on rencontre à cette époque : son erreur bien innocente et bien excusable assurément, scandalisa le suisse de la cathédrale, qui sortit de son rang et donna au petit garçon un coup du bois de sa hallebarde. Le père de l'enfant, qui se trouvait près de là, alongea au suisse un coup de poing sur la figure et l'étendit à ses pieds. Le chasse-chiens de la paroisse accourut comme un furieux pour défendre le suisse; et attaquant, sans plus ample explication, le papa qui venait de venger son fils, il lui cassa sur la tête un cierge de trois livres dont il était armé. La querelle allait devenir sérieuse et eût sans doute troublé l'ordre de la cérémonie, lorsque quelques citoyens se mirent à la traverse et parvinrent à apaiser les deux agresseurs, qui composèrent leur visage et reprirent leur rang dans la procession.

Cette scène avait un moment fixé mon attention. Je regardai défiler le cortége. J'éprouvai un sentiment pénible en voyant une file de femmes suivant la procession, pieds nus, les cheveux épars, et avec tout l'appareil de la plus austère pénitence. Est-ce bien là, me disais-je, ce que Dieu exige des femmes, auxquelles l'accomplissement des devoirs, que la société leur impose, doit donner tant de mérite à ses yeux? N'ont-elles pas d'autres moyens de s'attirer la faveur divine? Est-il bien conforme à la pudeur, la première des vertus de ce sexe, de se donner ainsi en spectacle à la multitude? Au moment où je faisais ces réflexions, je faillis tomber à la renverse en découvrant ma femme au milieu des pénitentes: oui, Messieurs, ma femme qui avait passé toute la nuit à se morfondre dans l'église sur la pierre froide, et qui maintenant pâle, défaite, se soutenant à peine, suivait en chancelant le cortége des missionnaires.

Je fus prêt à faire un éclat. Mon premier mouvement fut d'aller prendre ma femme et de l'emmener chez moi envers et contre tout. Je m'arrêtai cependant, pensant qu'un esclandre ne remédierait à rien, et qu'il valait mieux attendre la fin de la cérémonie.

La procession marchait vers la promenade publique. Je la suivis; les yeux toujours attachés sur ma malheureuse épouse, dont l'aspect excitait en en moi un mélange de pitié et d'indignation, qui suggérait à chaque instant les résolutions les plus opposées. Quand on fut arrivé dans la promenade, il y avait un grand trou de préparé, où on planta le crucifix dont je vous ai parlé. Dans ce moment tous les assistans se mirent à genoux, ma femme était parvenue au terme de ses forces; je la vis s'évanouir et tomber la face contre terre. A ce spectacle, je ne fus plus maître de moi, j'écartai avec fureur tout ce qui s'opposait à mon passage, je m'élançai vers elle, je la pris dans mes bras, et, chargeant de malédictions la séquelle fanatique dont j'étais environné, j'emportai mon épouse froide et inanimée.

En arrivant chez moi, je la fis mettre au lit; j'appelai un médecin : les symptômes les plus alarmans se déclarèrent, la fièvre brûlante qui la dévorait était encore accrue par le désordre de son esprit, qui ne lui présentait que des diables et des abîmes de feu prêts à l'engloutir. Elle eut une fluxion de poitrine, qui me fit pendant plusieurs jours trembler pour sa vie. Enfin lorsqu'elle alla mieux, je compris qu'il était important de rendre le calme à sa conscience. J'allai chercher le curé qui nous avait mariés, le curé contre lequel on l'avait tant prévenue. J'espérais que son éloquence douce et pleine d'onction remettrait la raison de la malade : je ne me suis pas trompé, la première fois qu'elle le vit elle jeta les hauts cris et l'appela l'anté-christ; mais il parvint à triompher de ces injustes préventions, à lui démontrer la folie des excès auxquels elle s'était laissée entraîner, et à faire rentrer la paix dans cette ame agitée. Ma femme est complètement rétablie. Aussitôt qu'elle a été assez forte pour supporter la route, je suis parti avec elle, de peur que les sermons ne la fissent retomber dans ses égaremens; et je l'ai amenée à

Paris, parce qu'au moins ici, vous n'avez pas encore de missionnaires.

Vous attendez sans doute impatiemment, Messieurs, la conclusion que jevais tirer de mon histoire; la voici :

C'est qu'autant il est utile d'accorder une protection éclairée à la religion et à ses ministres, autant il est important d'opposer une barrière insurmontable aux invasions de la superstition et du fanatisme. Il faut savoir distinguer la pratique raisonnée et louable d'une religion de paix et de douceur, qui ne doit tendre qu'à resserrer les liens de la société; il faut, dis-je, la distinguer des déclamations furibondes, de ce zèle intolérant, qui ne tend qu'à tout troubler, tout diviser, tout détruire. L'autorité doit être aussi sévère sur ces écarts coupables, que sur les attentats de l'impiété, qui insulterait publiquement l'exercice du culte. Il faut tout faire pour la propagation de la religion, parce qu'elle est la consolation des misères attachées à toutes les conditions et le cathéchisme de la plus sublime morale; mais il faut bannir impitoyablement toutes les farces religieuses, par les quelles on voudrait nous ramener aux siècles d'ignorance et de barbarie. Il faut enfin que les ministres de l'évangile se persuadent que quand ils auront prêché, entretenu, fait renaître la paix, l'union, la confiance, ils auront rempli tous leurs devoirs : car ils n'en ont pas d'autres envers la société, qui ne se soucie nullement de leur orthodoxie, de leur infaillibilité et de leurs scrupules mystiques.

En conséquence, je voudrais que les députés auxquels je donnerai ma voix fussent bien pénétrés de cette distinction, et qu'ils en fissent sentir l'importance; qu'ils fussent les défenseurs de la religion, et non point de l'ambition sacerdotale. Que dans leurs discussions ils ne nous jettassent pas au nez l'autel quand on parle de raison, et le trône quand on parle de lois; qu'enfin ils n'eussent point l'air de traiter tout ce qui concerne le culte comme une affaire de parti. Car les prêtres doivent enfin s'associer aux intérêts, aux prospérités et aux malheurs de la patrie; et vouloir les en isoler, c'est vouloir les perdre dans l'opinion, eux et la religion qu'ils enseignent.

LE RÉFUGIÉ.

Je suis Espagnol : j'ai suivi la nation française dans tous les périodes de sa révolution. L'héroïsme de ses armées, l'éclat de leurs victoires et de leurs conquêtes, m'inspira une admiration qui allait jusqu'à l'enthousiasme, et lorsque, parvenue au plus haut point de sa puissance, la France dictait des lois à l'Europe, mon imagination, exaltée par le spectacle de tant de gloire, voyait dans les Français des êtres privilégiés et en quelque sorte surnaturels.

Mon ame était douloureusement oppressée, lorsque, détournant les yeux des prospérités de la France, je les reportais sur ma patrie. Cette nation généreuse, qui renfermait dans son sein tous les germes de grandeur, dont les exploits passés annonçaient ce qu'elle pouvait faire encore, plongée dans une stupide inertie, traînait des jours sans gloire sous l'empire d'une cour avilie et d'un ministre perfide ou corrompu. Tous les vrais Espagnols s'indignaient, comme moi, d'un état de choses si humiliant, et, portant leurs regards vers la France, ils semblaient implorer d'elle la fin de leur langueur et d'autres destinées.

La France parut avoir entendu le vœu de la nation ; de grands préparatifs annoncèrent qu'elle avait jeté les yeux sur nous, et que notre sort allait changer. Tous les cœurs s'ouvrirent à l'espérance, sans mélange d'aucune terreur. Le peuple se précipita au-devant des premiers guerriers français qui touchèrent le sol de l'Espagne ; moi-même, partageant l'enthousiasme général, je les saluai du nom de libérateurs ; et qu'on ne dise point que c'était le prestige attaché à un homme qui nous aveuglait : c'était la nation, la nation seule que nous aimions, que nous admirions.

Des événemens aussi imprévus que déplorables changèrent bientôt l'aspect des choses. Une mesure à la fois impolitique et odieuse, frappa de stupeur l'Espagne entière.

Tous les hommes qui étaient intéressés à ce que le peuple ne sortît pas de l'état d'ignorance et d'apathie où il végétait, tournèrent l'activité dont le besoin commençait à l'agiter, contre ceux qui lui apportaient de nouvelles idées, de nouvelles lumières, de nouvelles institutions; et, tirant habilement parti des circonstances qui ne favorisaient que trop leurs projets, ils combinèrent le patriotriotisme naissant avec le fanatisme dès long-temps enraciné, et à l'aide de ce double levier, ils soulevèrent la population entière contre les créateurs d'un nouvel ordre de choses.

Pour nous, qui avions cru de grands changemens nécessaires à la prospérité, à l'affranchissement de l'Espagne; qui, malgré un système que nous étions loin d'approuver, croyions encore à la possibilité d'atteindre ce but; qui, au milieu de cet élan national que nous admirions, ne distinguions que trop les vues secrètes de la plupart de ceux qui l'encourageaient et la propageaient: nous ne renonçâmes pas à nos premières espérances, et ne crûmes pas devoir traiter en ennemis ceux que, la veille encore, nous traitions en libérateurs. Je ne prétends pas justifier cette opinion, que l'expérience n'a pas confirmée, que la fortune contraire a fait depuis regarder comme un crime ; je veux seulement prouver que dans notre conduite, nous n'envisagions que le bonheur, la prospérité, la gloire de l'Espagne.

Mais quand même, partageant les sentimens de l'immense majorité du peuple, nous eussions voulu nous ranger sous les drapeaux de nos concitoyens, les passions terribles qu'on avait mises en jeu, nous en eussent repoussé impitoyablement. Nous étions les premiers qui avions accueilli les Français. Nous avions les premiers, disait-on, aveuglé le peuple sur les intentions de ces dangereux libérateurs. Dès-lors, on ne voyait plus en nous que leurs complices ; et ce crime irrémissible, dans lequel une raison plus calme n'eût vu qu'une erreur excusable, nous enveloppa dans l'arrêt de mort lancé contre les envahisseurs de l'Espagne.

Alors, proscrits par nos concitoyens, nous

n'avions d'autre appui, d'autre espérance, que dans la générosité des auteurs de notre disgrâce, et une nécessité rigoureuse nous imposa la loi de servir des intérêts que nous croyions pouvoir encore devenir ceux de la patrie; mais que nos compatriotes y croyaient essentiellement opposés. Ainsi, nous nous vîmes attachés à la cause d'un souverain que la nation rejetait, et soumis à toutes les vicissitudes que sa fortune devait éprouver.

Pour moi, je ne voulus pas porter les armes contre nos compatriotes; je fus employé dans l'administration supérieure, et envoyé comme préfet dans une des provinces conquises. Là, j'éprouvai tout ce qu'il est possible d'éprouver de tristesse et d'amertume; obligé de me mettre sans cesse entre les vainqueurs et les vaincus, de sacrifier les intérêts de nos concitoyens aux nouveaux intérêts que j'avais embrassés; témoin de ravages que je ne pouvais empêcher, et ne recueillant pour récompense que le mépris des Espagnols, quand je faisais tout pour alléger les charges dont les accablaient leurs ennemis. Une seule consolation me restait: c'était de voir qu'ils ne démentaient pas leur caractère ; et quand mon emploi m'obligeait de les engager à poser les armes, je ne pouvais m'empêcher d'applaudir intérieurement à leur fierté, à leur fermeté inébranlable, qui me garantissaient d'avance l'inutilité de mes efforts.

Enfin la victoire couronna la généreuse résistance de l'Espagne. Les Français, trahis de toutes parts par la fortune, abandonnèrent cette terre teinte de leur sang, où trois cent mille des leurs avaient trouvé leur tombeau. Je les suivis dans leur retraite; plus heureux de quitter pour jamais ma terre natale, que de peser plus long-temps sur elle avec ceux que le peuple n'avait voulu regarder que comme des oppresseurs ; consolé d'ailleurs de mon éternel exil, en voyant ma nation s'élever au milieu des ruines, avec un caractère de grandeur, de force, de liberté, que l'inertie de plusieurs règnes lui avait ôté, que le malheur seul peut-être pouvait lui rendre.

Le souverain, dont le nom les avait ralliés dans les combats, fut rendu aux vœux des Espagnols. Qui n'eût cru que, pénétré des obligations qu'il avait à la nation et de l'admiration qu'elle inspirait au reste de l'Europe, en recevant d'elle la couronne de ses pères, il lui accorderait en retour la constitution que l'Espagne demandait à grands cris ? En consentant à régner par les lois, à reconnaître les droits sacrés du peuple, il assurait à jamais la prospérité de la monarchie. Dès-lors, plus de haines, plus de partis ; les Espagnols ne formaient plus qu'une famille, et on pouvait espérer que la patrie ouvrirait les bras à ses enfans égarés, et, par une réconciliation sincère, leur permettrait de prendre part à la félicité générale. Ces espérances s'évanouirent bientôt. Le despotisme s'assit sur le trône. La superstition, la haine, la méfiance, arrêtèrent pour un temps qu'il est difficile de déterminer, l'essor de la nation, et forcèrent le germe précieux des vertus qu'elle venait de développer, à se cacher dans l'ombre jusqu'à un moment plus favorable.

Dès-lors, tout espoir de retour fut perdu pour nous. La France devint notre unique asile. Plus heureux que beaucoup d'autres, j'avais pu rapporter en France quelques débris de ma fortune ; et, riche assez pour vivre indépendant, je résolus de finir mes jours sur cette terre hospitalière, et je me fis naturaliser Français.

Quand avec la puissance de la France s'écroula le gouvernement auquel l'Espagne dut tous ses malheurs, je tremblai un moment, non pour moi, mais pour mes compagnons d'infortune ; je craignis de leur voir perdre les secours que la France leur avait accordés en dédommagement de tout ce qu'elle leur faisait perdre.

Mais le souverain qui montait sur le trône, la charte à la main, devait reconnaître une dette contractée par son peuple. Son caractère, d'ailleurs, nous répondait assez qu'il ne mettrait point en question les droits du malheur.

Nous respirâmes donc sous son gouvernement ; et ce ne fut que dernièrement, qu'une proposition faite à la chambre des députés, nous fit sortir de cet état de sécurité : On nous représenta comme des aventuriers qui s'étaient dévoués, non point pour la France, mais pour un homme : comme si, à cette époque, la cause de l'homme pouvait être distinguée, par nous, de celle de la nation ; comme si, ceux pour lesquels, avec lesquels nous avions combattu, n'étaient plus nos concitoyens ! De cette supposition devait suivre naturellement la proposition d'un châtiment ; et nous ne trouvâmes pas plus d'indulgence dans le traitement qu'on nous destinait, que dans le jugement qu'on portait de nous. Il n'était question que de nous arracher à notre seul asile, et de nous envoyer mourir en détail sur une plage lointaine et inhospitalière. Un ministre, digne interprête de la nation, repoussa cette odieuse proposition avec l'éloquence du cœur, avec l'indignation de la vertu. La chambre prouva, par son approbation, avec quelle vivacité elle partageait les nobles sentimens qu'il exprimait au nom de ses concitoyens ; et nos droits, fondés sur la justice, sur la reconnaissance peut-être de la nation, ne furent pas méconnus.

Rassuré maintenant sur le sort de nos compatriotes, c'est comme Français que je vous parlerai de l'effet que cette proposition a produit sur moi.

Dans une assemblée législative, on doit s'attendre à voir soutenir une foule d'opinions contraires sur les objets soumis à ses délibérations ; mais comme cette assemblée se compose de l'élite des citoyens, il est des choses sur lesquelles il ne doit y avoir qu'une opinion, qu'une voix, qu'un sentiment. Ces choses sont celles qui intéressent essentiellement l'honneur, la dignité, l'équité de la nation. Toute discussion qui porte atteinte à ce caractère, est à la fois impolitique et odieuse, quelle qu'en soit l'issue. Ainsi, quoiqu'un ministre ait repoussé avec toute la supériorité d'une éloquence énergique et généreuse la proposition dont nous étions l'objet, il eût été à désirer qu'on n'eût pas rendu son discours nécessaire, et que la France ignorât que dans le sein des représentans, des sentimens semblables à ceux qu'il combattait, avaient pu rencontrer quelqu'un pour les adopter et les défendre.

L'humanité, la grandeur d'ame, la générosité, ont toujours été l'essence du caractère français. Ce caractère, qui s'est conservé intact dans toutes les chances de la prospérité et du malheur, qui est encore l'objet du respect de ses ennemis, et un sujet de consolation pour elle dans son infortune ; ce caractère doit être religieusement soutenu par les représentans de la nation. Tout principe, tout sentiment qui s'en écartent, sont en quelque sorte un outrage que la nation se fait à elle-même ; et avec quelque force qu'on les combatte, il eût été plus consolant de ne pas supposer qu'ils pussent trouver place dans des cœurs français.

Connaissez donc bien le caractère de vos représentans, choisissez des hommes tellement identifiés avec les intérêts de la France, qu'ils ne méconnaissent pas ceux qui les ont servis dans quelque temps, sous quelque régime que ce soit. Choisissez des hommes qui offrent le précieux assemblage des vertus, qui composent le caractère national : alors, vous serez sûr de ne rien perdre de l'estime que l'Europe est encore forcé d'avoir pour vous ; alors, vous n'aurez plus la douleur d'entendre s'élever aucune voix pour insulter à un dévouement, qui fut de notre part gratuit et désintéressé, pour méconnaître les droits du malheur, pour nier les dettes qu'a contractées la reconnaissance de la nation.

LE PRÉVENU.

J'ai été partisan de la révolution dans son origine; quand j'ai vu la tournure terrible qu'elle prenait, j'en ai été effrayé; je me suis retiré des affaires publiques, et, dans la retraite où j'ai vécu depuis ce temps-là, je n'ai cessé de prendre part à la gloire, aux triomphes et aux revers de ma patrie.

J'étais sur la place de la ville, que j'habitais, au moment où on reçut la nouvelle du désastre de Waterloo. Un coup de foudre n'eût pas produit sur moi un effet plus terrible, je demeurai quelque temps immobile et ne sachant plus ce qui se passait autour de moi. Je ne repris mes sens que pour voir un particulier qui jetait son chapeau en l'air, et qui gambadait en se réjouissant de cette épouvantable catastrophe.

A ce spectacle, le sang froid m'abandonna, une fureur terrible s'empara de moi, je me jetai sur cet homme en l'accablant de coups et de malédiction, et je crois que je l'aurais tué, si on ne l'eût arraché de mes mains.

Ce châtiment me paraissait si mérité, que je crus que personne ne me désapprouverait. J'appris, cependant, qu'il y avait bien des gens qui avaient été scandalisés de ma hardiesse, et je m'aperçus que ceux qui trouvaient intérieurement que j'avais bien fait, n'osaient pas le dire hautement.

A quelque temps de là, beaucoup de personnes avec lesquelles j'étais lié, cessèrent de venir chez moi, et je me trouvai réduit à trois amis, dont la conduite envers moi ne changea pas. J'appris qu'on leur avait insinué qu'ils feraient bien, s'ils ne voulaient pas se compromettre, de cesser toute liaison avec moi; que, dans les temps où nous nous trouvions, j'étais un homme à éviter. Ilsne tinrent, compte de cet avertissement et continuèrent de me voir comme par le passé.

Un jour, qu'ils soupaient tous trois chez moi, je fus bien surpris, à la fin du repas, de voir entrer le commissaire de police, qui me dit, que l'autorité avait l'œil sur les réunions que je tenais chez moi; qu'elle avait des raisons pour s'en méfier, et qu'à l'avenir, si je voulais m'épargner des désagrémens, je devais renoncer à une conduite qui donnait lieu à des soupçons que ma façon de penser justifiait. Je répondis au commissaire, que, comme nous n'étions pas en Turquie, on n'avait pas le droit de m'interdire telle société qu'il me plaisait de voir; que j'étais le maître chez moi; que je pouvais donner à souper à qui bon me semblait, et qu'en conséquence, tant que les lois de l'état n'en ordonneraient pas autrement, je continuerais de vivre à ma guise et sans qu'on eut le droit de s'en mêler.

Le commissaire se retira avec cette réponse.

Quinze jours après on m'avertit que je devais me disposer à quitter mon domicile, pour me rendre dans une forteresse distante de cent cinquante lieues, où je serais en surveillance. J'aurais pu réclamer; mais, comme il m'est assez indifférent d'habiter un lieu ou un autre, je fis mes préparatifs, et je partis.

En arrivant dans ma nouvelle résidence, je m'informai de la demeure du commandant d'armes, pour aller lui présenter mes devoirs, et tâcher de me mettre bien avec lui, puisque j'étais désormais soumis à sa surveillance. On me dit que c'était M. le vicomte de * * *. J'avais beaucoup lu les journaux, les bulletins, je n'y avais jamais vu ce nom-là.

Je me présentai chez lui à onze heures du matin; je le trouvai dans sa chambre; son coiffeur était en train de le poudrer à frimas. Il avait une jambe étendue sur un coussin. J'appris depuis que c'était par suite d'un accident, qu'il avait éprouvé à la guerre, en faisant cuire une tête de veau dans un chaudron qui se répandit sur sa jambe. Sa servante était occupée à lui faire son chocolat.

Après que je lui eus exposé le sujet de ma visite, il me dit; qu'il avait reçu avis de mon arrivée; mais qu'il était surpris que j'osasse me présenter devant lui. Je lui répondis que j'osais me présenter devant lui comme devant tout autre, attendu que je n'avais sujet de rougir devant personne. Vous êtes, me dit-il, un révolutionnaire, un ennemi de la légitimité. Vous vous trompez, lui dis-je : je suis ennemi des ennemis de la France ; je suis ennemi de ceux qui se réjouissent quand le sang français a coulé par torrens. Ne semble-t-il pas, me dit-il, qu'il faille se lamenter, parce que des brigands ont reçu le châtiment qu'ils méritaient. Je lui demandai avec un peu d'émotion, l'explication de ce mot de brigands. Comme l'explication qu'il m'en donna, me parut plus révoltante encore que le propos, je l'interrompis avec beaucoup de chaleur, pour lui dire ce que je pensais de sa manière de voir et de s'exprimer.

Le commandant fut effrayé de ma véhémence ; il se leva avec précipitation ; mais sa jambe malade lui refusant le service, il tomba à la renverse en criant comme un enragé : *à la garde !* La servante répéta ce cri, et en un instant la chambre fut remplie des secrétaires et des adjudans de place, qui étaient dans un bureau voisin. Vinrent ensuite des fusiliers, qui me conduisirent en prison sans plus ample informé.

En conséquence du rapport qui fut fait sur cette affaire, je fus écroué par ordre supérieur.

Je demandai à être jugé ; mais on me dit, qu'étant simplement prévenu on avait le droit de me laisser en prison sans me mettre en jugement.

La captivité commença bientôt à me devenir insupportable ; mon imagination s'exalta d'une manière effrayante : je ne rêvais plus que tentatives d'évasion pour aller me baigner dans le sang des auteurs de ma disgrâce, et me détruire moi-même après. Cet état violent m'eût infailliblement conduit à une maladie qui aurait mis fin à mes jours, ou, ce qui eût été pis, il eût aliené ma raison.

Les portes de ma prison s'ouvrirent au moment où je m'y attendais le moins : j'appris que je devais ma liberté à la bonté du Roi, qui venait de faire cesser un régime de terreur et d'alarmes, pour établir le règne de la modération et de la justice. Je retournai dans mon domicile, où mes amis osèrent m'embrasser et me féliciter de mon retour.

Depuis ce temps-là j'ai vécu très-tranquille. Mais je vous avouerai que j'ai vu avec peine des hommes qui voulaient se présenter comme les défenseurs des droits du peuple, reprocher à un ministre sage d'avoir rendu à la liberté une foule de personnes, qui étaient détenues probablement aussi arbitrairement que moi. J'ai été indigné de voir les sarcasmes les plus amers, l'ironie la plus sanglante employés pour attaquer cet acte de justice et d'humanité trop long-temps suspendu. J'ai pensé que des gens qui ont l'honorable mission de représenter leurs concitoyens, doivent mettre de côté tout esprit de parti et de persécution, et n'invoquer que des mesures d'ordre, de paix et de conciliation, que si, par une suite du malheur des temps, une loi sévère, fruit d'une exaltation dangereuse, avait donné lieu à des détentions arbitraires, il fallait louer et non point insulter un ministre qui en avait tempéré la rigueur.

L'expérience a démontré l'effet funeste de ces lois, qui, en servant l'esprit de parti, ne font qu'irriter les mécontentemens et les haines. Nos législateurs sauront qu'on n'assure pas la tranquillité publique en menaçant toutes les tranquillités particulières.

En suivant la ligne que le Roi leur a tracée, ils éviteront les excès auxquels sa sagesse a mis fin. Ils sauront enfin, que la liberté individuelle et la liberté des opinions sont des droits sacrés, que le gouvernement doit respecter pour son propre intérêt; et que si jamais il voulait y porter atteinte, ils sont là pour lui indiquer les limites de son pouvoir, et non point pour en devenir les instrumens.

LE PLÉBÉIEN.

Je suis riche. Je suis l'artisan de ma fortune. J'aurais pu, comme tant d'autres, me faire donner des titres ; mais la fantaisie ne m'en est jamais venue.

Nous avons tellement secoué le joug des préjugés, nous sommes devenus tellement philosophes, que la naissance ne nous en impose plus. A travers l'étalage des titres, sous l'enveloppe fastueuse des rubans, des crachats et des broderies, on va chercher l'homme : et si cet homme ne soutient pas par son caractère les titres dont il est revêtu, on ne voit plus en lui qu'un faquin privilégié ; et tout l'échafaudage de grandeur dont il s'entoure, sans inspirer ni respect ni considération, ne sert qu'à faire ressortir sa petitesse réelle et son défaut de mérite. C'est cette tendance à l'égalité primitive que j'ai remarquée dans l'esprit du siècle, qui m'a fait renoncer à la démangeaison d'être noble aussi : car, j'aurais pu, si je l'avais voulu, être chevalier, vicomte ou marquis, comme tant d'autres que je vois tous les jours, et qui me dégoûteraient de la noblesse, si j'avais la sottise d'en être infatué.

Mais j'ai pensé que si j'étais un sot, la particule que je mettrais devant mon nom, n'empêcherait pas qu'on ne me jugeât comme tel, et que si je ne l'étais pas, je n'aurais pas besoin d'un titre pour obtenir la considération qu'on ne refuse pas à ceux en qui on découvre quelque espèce de mérite.

J'aurais même encore dans ce moment-ci un moyen d'illustrer ma famille. Je connais un marquis ruiné qui consentirait à se mésailler et à se charger de ma fille, voulant bien faire entrer en compensation des parchemins qu'elle a de moins que lui, l'argent qu'elle a de plus ; mais, comme je ne me soucie pas d'avoir un gendre qui croie me faire trop d'honneur en me permettant de le tirer de la misère, je marierai ma fille à un homme qui, par la raison qu'il sera infiniment supérieur au marquis, ne croira pas valoir mieux qu'elle.

Or, Messieurs, celui auquel je ne confierai pas le bonheur de ma fille, je ne lui confierai pas non plus mes intérêts, mon repos et mes droits : c'est vous déclarer, dût-on m'accuser de pousser les choses trop loin, que je ne donnerai ma voix qu'à un plébéien comme moi.

La France est peut-être le premier pays qui ait offert l'exemple d'une assemblée choisie par le peuple, pour représenter le peuple, et qui n'ait agi, qui n'ait parlé que contre le peuple. Des hommes qui avaient consenti, qui avaient cherché même à être ses mandataires, ne se sont attachés qu'à verser le mépris sur lui, qu'à le représenter comme un monstre qu'il fallait enchaîner, et qui devenait oppresseur toutes les fois qu'il n'était pas opprimé. Toutes les voies étaient bonnes pour parvenir à ce résultat. C'était d'abord la terreur qu'il fallait établir par l'aspect des tribunaux extraordinaires, des cachots et des bourreaux ; puis après cela, l'ignorance qu'il fallait ramener sur les pas de la superstition et du fanatisme : tels étaient les moyens aussi humains que politiques, par lesquels on voulait contenir cette hydre redoutable.

Certes, si nous n'y eussions été trop intéressés pour pouvoir en rire, c'eût été une chose plaisante que de voir des hommes que le peuple avait chargés de défendre ses droits, justifier sa confiance, en criant que le peuple ne devait pas se mêler des affaires publiques ; qu'il devait être compté pour rien dans le gouvernement ; qu'il fallait reviser, changer, corriger l'œuvre de la sagesse, qui consacrait les droits en vertu desquels ces mêmes hommes avaient le privilége d'émettre leur opinion et leur vote. Aussi, on vit toutes les libertés suspendues, on vit la nation outragée, calomniée par les plus odieuses imputations ; et ce pauvre peuple, qui avait cru si bonnement que ses représentans allaient le servir et le défendre, ne fut communément désigné que par les dénominations les plus humiliantes. Assurément, jamais le délire et l'absurdité n'allèrent plus loin, et l'Europe nous eût regardés sans doute comme la plus folle et la plus extravagante des nations, si elle n'eût pu songer que ces élections, faites sous l'influence des baïonnettes étrangères et dans la fièvre d'une révolution qui s'opérait, ne devaient pas être considérées comme le vœu de la nation.

Mais aujourd'hui, Messieurs, que la modération du Roi a rétabli le calme, et qu'une loi salutaire nous laisse la pleine et entière faculté de ne faire que des choix conformes à nos intérêts, il y va de l'honneur, de la gloire de la nation, de justifier l'estime que son souverain lui a témoignée en la jugeant digne de recevoir cette loi émanée de sa sagesse.

C'est du choix que vous allez faire, que dépendra l'opinion que l'Europe aura de vous.

Si, négligeant les leçons de l'expérience, nous nous imposons encore pour représentans ceux qui ont insulté, méconnu, trahi les droits qu'ils devaient défendre; si, trop confians dans les apparences d'un amendement forcé, nous croyons que ceux qui se sont conduits ainsi, auront pu tout à coup prendre des sentimens opposés, et sacrifier leurs prétentions à leurs devoirs : alors, dupes de la plus sotte crédulité et du plus inconcevable aveuglement, nous ne paraîtrons plus à l'Europe qu'une nation avilie, aussi insouciante sur ses intérêts, que peu jalouse de ses droits, et insensible aux outrages. Alors, en perdant notre tranquillité intérieure, et tout espoir de prospérité, nous perdrons encore l'estime des nations voisines, que nos malheurs ne nous avaient pas ôtée.

Ne croyez pas que pour éviter les excès que je viens de vous signaler, j'en veuille faire naître d'autres d'un genre opposé. Non, Messieurs, je veux que la modération soit l'essence du caractère de nos représentans, et qu'à la fois, sujets fidèles et bons citoyens, ils ne se permettent pas plus d'outre passer les limites fixées par la constitution, que de rester en-deçà.

Mais je n'espérerai jamais de bons résultats d'une assemblée composée d'hommes dont les vues particulières seront en contradiction avec les droits qu'ils doivent défendre : car, quiconque a des intérêts opposés à ses devoirs, ne fera jamais rien de grand ni d'utile. C'est cependant dans cette position que se trouveront presque tous ceux qui, ayant une grande naissance, quand même ils ne seraient pas imbus des préjugés qui l'accompagnent trop souvent, seront toujours obligés d'accorder quelque chose au respect humain, à l'opinion de leurs égaux, aux liens de la parenté et de l'amitié.

Or, ces concessions ne peuvent se faire qu'aux dépens de l'accomplissement rigoureux de leurs devoirs.

Je le répète donc : les choix que nous allons faire doivent être démocratiques ; ils le seront sans inconvénient ; ils doivent l'être par la nature même du gouvernement, qui a donné à la chambre des députés un contrepoids suffisant dans la chambre des pairs. Cet équilibre n'existait pas en 1815 : un étranger qui fût venu en France, et qui n'eût pas lu la Charte, aurait pu croire, en voyant la composition de la chambre des députés, que la noblesse avait deux corps pour la représenter dans l'état.

Comme je ne suis extrême en rien, je ne prétends pas exclure complètement les nobles, de l'honneur de représenter la nation ; mais il faut que ceux en faveur desquels vous ferez une exception, aient prouvé qu'ils attachent plus de prix à leur qualité de citoyen qu'à leur titre, et que la prospérité de l'état, le bonheur et les libertés du peuple leur sont plus chers que les jouissances de leur vanité.

LE GENTILHOMME.

Je prends la parole, parce que je trouve qu'on a jugé un peu sévèrement une classe à laquelle j'appartiens. Oui, Messieurs, je suis gentilhomme ; personne de vous ne s'en doutait : je ne me prévaux jamais de ce titre, quand on pourrait croire que la vanité m'y pousse ; mais quand il s'agit de combattre une exclusion que je crois injuste, et des reproches que je crois exagérés, je déclare hautement que je me fais honneur d'appartenir à cette classe que l'on attaque.

Souvenez-vous, Messieurs, que c'est de la chambre des pairs que sont sorties les plus énergiques réclamations contre les égaremens du faux zèle, et que, cette année encore, cette chambre n'a pas été la dernière à signaler son attachement aux principes qui assurent la liberté du peuple, et que consacre la Charte.

Pour moi, Messieurs, que mes inclinations n'appelaient point à figurer dans un rang aussi élevé, j'ose me flatter d'avoir rempli tous mes devoirs de citoyen : si vous voulez me permettre de vous parler un instant de moi, vous en jugerez vous-mêmes.

J'étais fort jeune quand mon père mourut. J'avais un frère plus âgé que moi, de plusieurs années. Il hérita en quelque sorte de l'autorité de mon père. Son ascendant sur moi était une habitude de l'enfance. Notre union n'avait jamais été altérée. En suivant toutes ses volontés, je croyais ne suivre que les miennes.

Au commencement de la révolution, mon frère n'hésita point à prendre le parti d'émigrer. Pour la première fois, nos pensées ne furent pas les mêmes. Je voyais les choses sous un autre point de vue : je ne croyais pas que tout fût perdu, parce que le Roi avait reconnu les droits du peuple et accepté la constitution ; je ne croyais pas que ces grands changemens, résultat du vœu de la nation, me déliassent de tout devoir envers ma patrie, et me donnassent le droit d'aller susciter des ennemis et combattre contre elle. Il me semblait que la France n'avait pas cessé d'être la France, parce qu'elle avait changé de système, et que le courage consistait à rester plutôt qu'à fuir. Mais mon frère ne voulut rien entendre. Ses pressantes sollicitations, et plus encore l'attachement que je lui portais, triomphèrent de ma répugnance. Je quittai la France avec lui.

Mon frère était marié, et avait un fils en bas âge. Son épouse voulut le suivre et partager nos peines, nos fatigues et notre misère.

Mon frère et moi, nous servîmes dans l'armée des princes ; sa courageuse épouse ne se sépara pas de lui, et suivit les mouvemens de l'armée avec son fils, qui, soumis bien jeune aux épreuves de l'adversité, recevait de ses parens l'exemple de la résignation, de la constance et de la vertu.

La fortune, qui nous persécutait, nous réservait un coup plus terrible que tous ceux qu'elle nous avait portés jusque-là. Un corps de partisans, qui s'était glissé sur les derrières de notre armée, attaqua nos bagages, dispersa l'escorte qui les défendait, et s'empara d'une grande quantité de butin et de beaucoup de prisonniers. Mon malheureux frère, toujours alarmé sur la sûreté de son épouse et de son fils, n'avait point voulu qu'ils le suivissent de trop près, et avait exigé qu'ils restassent avec les bagages. Cette précaution, dictée par sa tendresse, fut ce qui les perdit ; ils tombèrent entre les mains des partisans ennemis.

Cet événement plongea mon frére dans un désespoir difficile à décrire. Aussi affligé que lui peut-être, mais plus maître de ma douleur, je fis toutes les démarches possibles pour obtenir des renseignemens sur le sort de ma belle-sœur. Le général, lui-même, envoya aux avant-postes français pour réclamer ces deux innocentes victimes des chances de la guerre, ou du moins pour demander qu'elles fussent bien traitées. On nous répondit qu'on n'avait aucune connaissance des prisonniers que nous désignions. Cette réponse acheva de nous accabler. Il devint trop sûr, que nous ne les reverrions plus.

Mon frère, privé des deux seuls objets qui l'attachassent au monde, prit la vie en horreur, et ne chercha plus que l'occasion de s'en débarrasser. Malheureusement, cette occasion se présentait fréquemment, et sa témérité la faisait naître encore plus souvent. Il trouva enfin, dans une affaire extrêmement vive, la mort qu'il cherchait. Mort glorieuse, qui terminait dignement une vie traversée par l'infortune, mais honorée par des vertus.

Je restai seul : en perdant mon frère, j'avais perdu mon dernier ami ; je fis donner la sépulture à son corps. Avec lui s'ensevelissaient mes dernières affections, avec le fil de ses jours s'étaient rompus les derniers liens par lesquels je tenais à la société.

La vie active et hasardeuse que je menais, fit un peu diversion à ma douleur. Privé de toutes les affections du sang, un affection plus vive peut-être se réveilla chez moi. L'amour de la patrie me fit sentir que l'existence pouvait encore avoir des charmes ; l'espoir de revoir cette France qu'on avait jugée si criminelle, et qui maintenant ne me paraissait que plus malheureuse, me donna le courage d'attendre un temps plus heureux où je pourrais aller finir mes jours sur ma terre natale. Mon impatience s'accrut, lorsqu'il me parut démontré que tous les efforts de la fidélité et du zèle ne pourraient triompher de la fortune qui se déclarait contre la cause que nous servions.

Un régime plus doux succéda, en France, au règne de la terreur. Une loi nous permit de rentrer. J'en profitai. J'y retrouvai un vieil oncle, seul parent qui me restât. Sa mort me mit en possession d'un héritage assez modique, qui suffisait à mes besoins et au-delà. Tous mes biens avaient été vendus. Je ne les regrettais pas. Les pertes du cœur m'avaient rendu indifférent sur celles de la fortune.

Je fis des perquisitions pour découvrir quelque chose sur le sort de ma belle-sœur. Elles furent inutiles. Il ne me fut plus permis de conserver l'espoir de la revoir.

En rentrant en France, j'avais renoncé nécessairement à mes titres ; mais cette renonciation, que les circonstances m'imposaient, ne me coûta nullement. J'étais revenu de toute gloriole à cet égard. Je trouvais le petit plaisir que la vanité peut éprouver à se prévaloir d'un beau nom, bien compensé par les malheurs et les persécutions qui en étaient résultés pour moi. Je renonçai même à ce nom qui ne me rappelait que des chagrins, et que ma fortune ne me permettait plus de soutenir. J'avais pour prénom Benoît. Je me fis appeler M. Benoît, et je ne cherchai plus qu'à oublier et qu'à faire oublier aux autres, que j'avais porté un autre nom.

Dégoûté du monde et de la société, je me fixai dans un village où mon oncle m'avait laissé une maison. Là, je me trouvai si heureux dans mon état de médiocrité; je trouvai tant de charmes dans la vie retirée et dans les habitudes casanières, que plus d'une fois, en me rappelant mon ancienne condition, je me serais applaudi d'en avoir changé, si ce changement n'eût pas été amené par des événemens aussi désastreux.

J'eus bientôt l'occasion d'être utile aux paysans. J'en aidai plusieurs de mes conseils et de mes moyens. J'éprouvai combien il est facile de se faire aimer de cette classe d'hommes trop calomniée. J'éprouvai que leur reconnaissance précède pour ainsi dire, le service qu'on leur rend, et lui survit long-temps.

Dès qu'ils virent que je prenais leurs intérêts à cœur, ils voulurent me les confier. Ils me prièrent de consentir à devenir maire de la commune. La place de maire de village ne me parut pas au-dessous de moi, puisqu'elle devait me mettre à même de rendre quelques services ; j'acceptai.

En acceptant, je n'avais pas bien réfléchi à toute l'étendue de mes fonctions. Je ne la connus qu'au moment où il fallut mettre en vigueur la rigoureuse loi de la conscription. Que de pleurs je vis couler sans pouvoir les essuyer. Que de prières je reçus sans pouvoir les exaucer ! Que de douleurs je partageai sans pouvoir les adoucir !

Je présentais à ces bonnes gens le seul remède qui fût en mon pouvoir, des consolations. Je fis sentir aux jeunes gens l'aiguillon de la gloire. J'éveillai chez eux cette humeur belliqueuse qu'il n'est pas nécessaire d'inspirer à des Français. Ils partaient avec moins de peine, et du moins ils n'accroissaient pas, par leur douleur, le désespoir de leurs parens. Ma tâche était plus difficile auprès de ceux-ci ; mais, en leur offrant les secours de la religion, en leur parlant du besoin et de la reconnaissance de la patrie, je finissais, sinon par les consoler, au moins par leur inspirer de la résignation. Par ce moyen, j'ai constamment évité qu'il y eût des réfractaires dans la commune. J'ai sauvé à mes administrés le spectacle de ces exécutions rigoureuses auxquelles la loi soumettait les parens. Mais en déplorant les conséquences que la conscription entraînait, en déplorant sur-tout l'abus qu'on en faisait, je ne puis me dissimuler que cette loi est la seule par laquelle on puisse avoir une armée nationale, et que tôt au tard il y faudra revenir.

Les sacrifices que le gouvernement exigeait au nom de la patrie, devenaient, d'année en année, plus pénibles. L'espérance d'y voir un terme, espérance qui avait aidé à les supporter, commençait à s'évanouir. Enfin, des revers inouïs, que la prudence aurait pu prévoir, nous avertirent que le fruit de tant d'efforts était perdu, et qu'il fallait se résigner à en faire de nouveaux ; on s'y résigna.

La fortune se déclara encore contre nos armes.

Alors, la France fut menacée, et toutes les charges parurent légères, tous les sacrifices parurent faciles, lorsqu'ils eurent pour but la défense de nos foyers. Moi-même je renonçai volontairement à mon doux repos. Je me sentis rajeuni par l'idée de combattre pour le salut de la France, et j'éprouvai que l'amour de la patrie est, dans une ame bien née, le plus saint et le plus indestructible des sentimens. Je sollicitai et j'obtins l'honneur d'être employé dans une cohorte. Mon exemple entraîna un grand nombre de paysans qui abandonnèrent leurs familles pour les défendre. Honorable dévouement, qui sans doute eut eu plus de succès, s'il avait eu plus d'imitateurs !

Il semblait décidé que je n'aurais jamais le plaisir de voir triompher la cause pour laquelle je combattais. L'immense supériorité du nombre l'emporta sur le courage et le patriotisme ; mais, au moment où je croyais n'avoir qu'à pleurer sur les ruines de ma patrie, une consolation aussi douce qu'imprévue sécha mes larmes. La race antique de St. Louis remontait sur le trône. Cette famille auguste pour laquelle j'avais combattu, à laquelle mes vieux souvenirs et mes vieilles affections m'attachaient par des liens si puissans, promettait à la France de cicatriser ses plaies, et de la dédommager de la gloire dont elle devait être désabusée, par le bonheur qui la fuyait depuis si long-temps.

Mon cœur se rouvrait à l'espérance et à la joie. Je retournai dans mon habitation avec les paysans qui m'avaient suivis, et je parvins à leur faire partager mes sentimens pour la dynastie qui remontait sur le trône.

Vous vous imaginez peut-être, Messieurs, qu'aussitôt après la restauration je repris mes anciens titres en y en ajoutant même de nouveaux; que je me décorai des épaulettes d'un grade trois ou quatre fois supérieur à celui que j'avais autrefois, que j'annonçai des prétentions à être revêtu des premiers emplois et accablé de pensions; que je pris un air méprisant avec les paysans et un air protecteur avec les fonctionnaires publics; qu'enfin je partis en poste pour venir réaliser à Paris les rêves d'une ridicule ambition. Non, Messieurs, je ne fis rien de tout cela. Je gardai mon nom de Benoît avec lequel j'avais été heureux pendant quinze ans. Je ne remis pas mon ancien uniforme. Je le conservais comme un honorable souvenir des dangers que j'avais courus pour la cause des Bourbons et des services que je lui avais rendus; mais je me gardai bien de lui faire voir le jour, ne voulant pas avoir l'air d'une caricature, ni donner à rire aux petits enfans. Je ne demandai ni grades ni pensions. Je présumais bien que le roi serait suffisamment assailli de tous ces hommes affamés d'honneurs et d'argent, qui, s'étant cachés pendant la tempête, et reparaissant avec le calme, viendraient se vanter de l'avoir rétabli sur le trône de ses pères. Je continuai d'être avec tout le monde ce que j'avais été jusques-là, et je ne quittai pas ma réputation de bon homme pour prendre celle d'intrigant et de fanfaron.

Je restai dans mon village, heureux d'être étranger à toutes les sottises de mes confrères, qui, plus fous qu'avant la terrible leçon qu'ils avaient reçue, semblaient ne s'attacher qu'aux moyens d'attirer sur eux un second orage.

La France commençait à goûter les bienfaits d'un gouvernement fondé sur les lois. Toutes les sources de la prospérité se rouvraient, lorsqu'une entreprise sans exemple vint menacer sa tranquillité, son bonheur, son existence. C'était le moment de se montrer, c'était le moment de prouver que j'étais aussi attaché aux Bourbons que ceux qui avaient tant fait sonner leur zèle et leurs prouesses. Je n'hésitai pas, j'engageai les paysans à s'armer pour défendre le trône. Je me rendis de ma personne à la préfecture, et me fis inscrire pour marcher dans les volontaires. A peine l'organisation de ces corps projetés était-elle commencée, que nous apprîmes que le roi avait quitté Paris, et que nos efforts seraient désormais sans but comme sans succès.

J'avais émigré, Messieurs, je savais ce qu'il en coûtait à un cœur français de s'exiler de sa patrie et de combattre contre elle. Je retournai dans mon village. Le vœu des habitans me condamna encore aux fonctions de maire. Les raisons qui m'avaient fait accepter la première fois m'empêchèrent de refuser la seconde ; plus le moment était difficile, plus je pouvais être utile à ces braves gens. Ce motif me détermina. Bientôt on les appella aux armes. Une seconde invasion menaçait la France. Ils me demandèrent ce qu'ils devaient faire, je leur dis : « Vous êtes propriétaires, vous êtes péres, époux, Français ; l'ennemi est là, marchez ! » Ce conseil était d'accord avec leur volonté. Ils me remercièrent, ils partirent ; mais en les voyant s'éloigner, je prévoyais tous les malheurs qui allaient foudre sur ma patrie.

Une épouvantable catastrophe confirma mes sinistres conjectures, et ne laissa à la France d'autre consolation que celle de revoir les princes dont le caractère lui permettait encore quelque lueur d'espérance.

A tous les ravages, à toutes les exactions dont les étrangers désolaient la France, se joignit bientôt un fléau non moins redoutable, je veux dire cette exaspération, cet esprit de fureur et de persécution qui accompagne toujours une réaction. Des hommes égarés ne demandaient que des victimes, et cette armée dont la France s'était enorgueillie vingt ans, fut en butte à tous les traits de la calomnie, à tous les outrages de la vengeance. Les fonctionnaires publics imbus de cet esprit, ou feignant d'en être imbus, pour s'éviter des disgrâces, en secondèrent les progrès de toute leur autorité. La conduite la plus exempte de reproches ne fut plus pour personne un motif de tranquillité. Les campagnes se ressentirent du trouble qui agitait les villes, et moi-même, pour ne point avoir voulu devenir persécuteur, je faillis être persécuté.

Deux officiers, fils de deux habitans du village, revinrent chez eux après que l'armée fut licenciée. Avant qu'ils fussent arrivés, j'avais déjà reçu plusieurs fois l'ordre de les surveiller et de les faire arrêter au moindre soupçon. Je les fis venir chez moi et je leur dis : « Quelle qu'ait été votre façon de penser, vous devez sentir maintenant que le devoir de tout Français est de se soumettre, pour éviter à sa patrie de nouveaux malheurs. En rentrant dans vos foyers, ce doit être avec l'intention d'y vivre en citoyens paisibles et en sujets soumis. Promettez-moi que ce sera là votre conduite. » Ils me le promirent et tinrent parole.

Je ne cessais de recevoir des ordres pour surveiller tous les paysans qui avaient marché volontairement dans les bataillons de gardes nationales mobilisés ; pour rendre compte de leurs démarches et de leurs discours ; pour tenir la main à ce que les officiers en demi-solde eussent le moins de communication possible avec eux. Je ne répondis pas aux premières lettres ; à la fin on me pressa tellement, que je déclarai une fois pour toutes, que les paysans étaient tranquilles, que je répondais de leur soumission ; mais que j'étais maire et non point espion, que je devais les protéger et non pas les dénoncer, qu'en conséquence on voulût bien n'exiger de moi que ce qui était dans le cercle de mes attributions.

On venait d'envoyer pour sous-préfet de l'arrondissement un jeune homme d'un caractère bouillant, qui croyait servir à merveille le gouvernement en faisant tout ce qu'il fallait pour le faire détester. Il m'adressa une lettre pleine de reproches, où il me menaçait de me faire destituer ; je lui répondis que je n'étais pas accoutumé à m'entendre parler sur le ton qu'il prenait avec moi, et qu'il me ferait grand plaisir de me débarrasser d'un emploi qui ne m'exposait plus qu'à des insultes et à des désagremens. Je ne reçus ni réponse à ma lettre, ni ma destitution que je croyais inévitable ; mais un événement vint bientôt troubler la tranquillité du village, et me remit en rapport avec le sous-préfet.

Un matin, après une nuit pendant laquelle il avait fait un vent très-violent, le drapeau blanc, qui était hissé sur le clocher de l'église, fut trouvé dans une mare à quelque distance de là. Cet événement ne fit aucune sensation dans le village. On n'y vit qu'un accident causé par le vent, on hissa un autre drapeau et personne n'y pensa plus ; mais un mauvais sujet, le seul qui fût dans le village, écrivit au sous-préfet que le drapeau blanc avait été renversé et traîné dans la boue, et qu'on avait tout lieu de croire que les deux officiers en demi-solde étaient les auteurs de cette acte de rebellion. Il suffisait que cet homme dénonçât pour obtenir de la confiance. Je reçus par un exprès l'ordre de faire arrêter de suite les deux officiers. Je les fis venir chez moi. Je leur demandai s'ils avaient quelque chose à se reprocher. Ils m'affirmèrent, sur leur parole d'honneur, que non. Je leur fis voir l'ordre que j'avais reçu, et leur conseillai d'aller se cacher pendant quelque temps chez des parens qu'ils avaient dans un village peu éloigné. Ils suivirent mon conseil, et moi je me réjouis d'avoir prévenu une injustice : car je suis ennemi des persécutions et des persécuteurs, de quelque masque qu'ils se couvrent.

Je répondis au sous-préfet, que les deux officiers n'ayant aucunement troublé l'ordre et la tranquillité publique, j'avais différé leur arrestation, jusqu'à ce qu'il eût pu prendre de plus amples informations dont le résultat lui prouverait qu'ils n'étaient point coupables. Le sous-préfet furieux accourut lui-même au village avec une escorte de gendarmerie. Il descendit à la municipalité, et m'envoya chercher par un gendarme. Pour le coup, je mis mon uniforme et ma croix de Saint-Louis, et, sans montrer ni empressement ni frayeur, je me rendis près de lui. Mon uniforme et ma décoration parurent le surprendre un peu. Cependant il m'adressa la parole d'un ton hautain. C'est vous qui êtes le maire ? Oui, Monsieur, lui répondis-je poliment. — Et vous avez méconnu vos devoirs, vous avez trahi les intérêts du roi, au point de différer l'exécution de mes ordres? — Monsieur, lui dis-je, la décoration que je porte devrait vous avertir, que je ne suis point accoutumé à trahir les intérêts du roi; qu'au contraire, je l'ai servi avant vous, et mieux que vous, probablement, et que votre emploi ne vous donne pas le droit de prendre avec moi un ton que je n'ai jamais supporté de qui que ce soit. — Monsieur, me dit-il en se levant, en même temps que je suis sous-préfet, je suis gentilhomme!.. — Je le suis comme vous lui répondis-je, et monsieur Benoît, quand un gentilhomme l'insulte redevient le comte D***. — Le comte D***, s'écria-t-il en pâlissant, ne me trompez-vous pas? — J'en suis incapable lui répondis-je. — Vous aviez un frère! — Je l'ai perdu. — Vous aviez un neveu. — J'ai fait d'inutiles démarches pour le retrouver!.. O mon oncle, s'écria-t-il, en se précipitant dans mes bras, et en mouillant mon visage de ses larmes. Je le pressai sur mon sein, et je pleurai avec lui.

C'était mon neveu, Messieurs, mon neveu, qui était tombé avec sa mère au pouvoir des partisans.

La frayeur et le chagrin ayant rendu sa mère très-malade, les partisans les abandonnèrent tous deux dans une petite ville. L'épouse d'un seigneur russe, qui passait par là, eut pitié de l'état de ma belle sœur, lui fit donner des soins et l'emmena avec elle en Russie, quand elle fut guérie. Mon neveu servit en Russie, où il perdit sa mère. Rentré en France en 1814, il prit le nom d'une terre considérable, que lui laissa un parent de sa mère. Il avait fait beaucoup de démarches pour me retrouver ; mais mon nom de Benoît m'empêcha d'être découvert.

Après le premier moment d'effusion, mon neveu fut un peu embarrassé au sujet de la démarche qu'il venait de faire. Je ne lui fis point de reproches, je me contentai de lui faire observer, que si son premier transport de colère ne l'avait amené dans le village, et n'eût point donné lieu à notre reconnaissance, probablement il eût fait mettre son oncle en prison, pour avoir refusé de persécuter deux innocens. Vous voyez lui dis-je, que, pour n'avoir pas voulu donner la main à des mesures oppressives, vous étiez prêt à me considérer comme un ennemi du roi, moi qui ai versé mon sang pour lui et qui ai servi mieux sa cause par ma modération que vous par votre zèle fougueux.

Je lui représentai combien il compromettait les intérêts du roi, en se rendant l'instrument d'un parti, et en perdant ce caractère de justice et d'impartialité, qui doit distinguer un magistrat.

Il profita de la leçon. Il n'écouta plus les dénonciateurs, il ne vit plus dans les événement les plus simples, des indices de complot, et dans les hommes les plus paisibles des conspirateurs : grâce à cet heureux changemement, son arrondissement, où il régnait beaucoup de fermentation et de mécontentement, était, au bout de trois mois, le plus paisible et le plus soumis du département.

Vous voyez, Messieurs, que, quoique gentilhomme, j'ai rempli ma tâche de citoyen, et qu'une seule leçon a suffi à mon neveu pour lui rappeler ses devoirs. Il en est beaucoup qui se sont conduits comme moi; mais ils ne se mettent point en avant, ils ne cherchent point à attirer les regards sur eux : c'est pour cela qu'on les confond avec ceux qui ne veulent que se mettre en évidence.

Il en est un bien plus grand nombre encore à qui les leçons de l'expérience ont profité. Tous d'ailleurs reçoivent en ce moment de leur souverain, une grande et auguste leçon, qui ne saurait être perdue pour eux : son amour pour les lois, sa modération qui l'éloigne de tous les extrêmes, sa bonté qui lui concilie toutes les affectations, sa sagesse éclairée qui lui fait rejeter tous les préjugés contraires aux lumières du siècle, sont un exemple que tous imiteront sans doute autant qu'il sera en leur pouvoir. S'il en est qui, loin de l'admirer, le condamnent et se permettent de le blâmer, ceux-là sont connus ou faciles à connaître. Retirez-leur votre confiance, tout le monde vous approuvera ; mais ne confondez pas avec eux ceux qui, pénétrés de leurs devoirs de citoyen, et sacrifiant leurs préjugés, leurs affections et leurs ressentimens au salut de l'état, sont animés des sentimens de notre sage monarque, et veulent, comme lui, *tout ce qui pourra sauver la France.*

L'INDÉPENDANT.

Messieurs, il est malheureusement trop vrai que l'existence, la vie d'une nation, c'est son indépendance politique. Je dis malheureusement trop vrai, parce que, ne possédant pas ce bien inappréciable, cette vérité nous conduit à envisager notre position sous son véritable point de vue: et vous le savez comme moi, il n'en peut résulter que des réflexions tristes et des conjectures douloureuses.

Cependant tout n'est pas perdu. Le souverain, qui a dit à son peuple: *Roi de tout autre pays j'aurais désespéré;* ce souverain a donné la mesure de sa confiance dans l'énergie, la constance et la force de la nation.

C'est à la contenance des représentans à lui

faire voir qu'il a eu raison de ne pas désespérer, et à prouver à la nation elle-même, qu'elle peut justifier les espérances de son roi.

Tout le monde est bien revenu sur ces sentimens de désintéressement, de générosité, de philanthropie dont on a cru les alliés animés. L'expérience prouve qu'ils n'avaient point attaqué le sceptre de fer qui pesait sur l'Europe, pour le briser. Ceux mêmes dont les vœux impies ont appelé sur le sol de la patrie la présence hideuse des phalanges étrangères, n'ont pas aujourd'hui d'autre façon de penser sur leur compte que les braves qui ont la consolation d'avoir versé leur sang pour nous en préserver : ainsi donc, sans vouloir réveiller des animosités, que le malheur commun doit avoir détruites, il s'agit de voir quelle attitude nous devons garder avec les puissances alliées.

Nous avons signé un traité. Nous avons consenti à des conditions sur lesquelles je m'abstiendrai d'entrer dans aucune explication, je le pourrai peut-être un jour ; mais, dans tous les cas, la postérité jugera ceux qui les ont dictées.

C'est assez comme cela. Qu'on nous laisse maintenant nous arranger pour y faire face ; qu'on se contente d'absorber le fruit de nos douloureux efforts, et qu'à l'infamie d'être nos oppresseurs, on ne joigne pas encore l'insultante cruauté de vouloir paraître nos tuteurs.

C'est cependant, Messieurs, la marche qu'on a prise ; et il me semble qu'on n'a pas encore fixé, comme elle devrait l'être, la nature de nos relations avec les gouvernemens coalisés.

Le traité de paix semble nous prescrire la conduite que nous devons tenir avec eux.

Aussitôt que, violant tout ce qu'il y a de sacré parmi les hommes, c'est-à-dire, des promesses garanties par des manifestes, des proclamations, des capitulations, ils nous ont montré, au lieu de l'olivier qu'ils nous présentaient, le sabre du conquérant ; en signant le pacte de la violence contre l'épuisement, nous avons dû leur dire : « Nous consentons à vous livrer nos places fortes : les voilà ; à entretenir, à nourrir 150,000 hommes : nous les entretiendrons, nous les nourrirons ; à vous payer 700 millions, nous vous les paierons ; mais, après cela, nous devenons étrangers les uns aux autres. Il n'y aura de relations entre nous que celles qu'entraîne l'accomplissement de ces conditions. Nous prendrons, pour y parvenir, tels moyens qui nous conviendront. Nous ne vous devons aucun compte de tout ce que nous ferons pour cicatriser nos plaies, pour remplir nos engagemens, pour parvenir au terme de nos misères. Contentez-vous de recueillir le fruit de nos douleurs et d'en savourer le spectacle. Nous n'avons besoin ni de votre intervention, ni de votre pitié. Nous sommes vos victimes et non point vos pupilles. »

Ce langage, Messieurs, était celui que les alliés nous dictaient eux-mêmes.

Nous en avons cependant tenu un tout opposé. On eût dit qu'il était stipulé par le traité, qu'ils prendraient une part active à notre gouvernement : leur influence n'a même pas été mise en question ; on a parlé, on a agi comme si c'était un fait arrêté et connu de tout le monde.

Ainsi, à toutes les douleurs qu'ils nous imposaient, il a fallu ajouter celle de nous sentir conduits par la main qui nous écrasait ; de voir intervenir dans nos délibérations la puissance qui nous dévorait.

Nos orateurs timorés, toutes les fois qu'il a été question d'une mesure qui n'intéressait que nous, n'ont pas manqué de parler de l'effet qu'elle produirait sur les puissances alliées. Quand il s'agissait de l'exécution du contrat passé entre le souverain et son peuple, on nous citait encore les alliés. Quand on voulait limiter nos libertés ; au lieu de se borner à en trouver les raisons dans notre situation intérieure, il fallait encore amener les alliés. En un mot, on nous recommandait d'éviter tout ce qui pourrait troubler leur tranquillité, leur satisfaction, et même contrarier leur amour propre. Ainsi, par ces bizarres scrupules, les alliés ont exercé une influence réelle sur nos délibérations. Ainsi, il a fallu dans la stipulation de nos intérêts, dans les relations du souverain avec ses sujets, consulter, pour ainsi dire, le bon plaisir, la volonté de ceux dont le bon plaisir est de nous épuiser et la volonté de nous détruire.

En perdant la fierté qui convient au malheur,

nous aurions dû réfléchir davantage aux inconvéniens qui en résultaient.

Ces inconvéniens sont graves, et ne peuvent vous échapper.

Nous avons exagéré aux alliés le sentiment de leur force et de notre faiblesse. Nous leur avons fait croire que notre existence dépendait d'un caprice ou d'un mouvement de mauvaise humeur de leur part, et que leur généralissime, semblable au Jupiter de l'Olympe, pouvait d'un geste nous anéantir. Il semblerait que 150,000 Allemands, Russes ou Anglais peuvent décider quand il leur plaira du sort de 25 millions d'hommes, quand ces hommes sont des Français ; que la rupture du traité ne serait dangereuse que pour nous, et nullement pour eux, tandis qu'ils doivent être bien persuadés que cette rupture entraînerait pour nous des maux incalculables, mais, pour eux, des désastres peut-être irréparables.

Outre tout cela, Messieurs, si notre nation était une nation à se décourager, ne le serait-elle pas en voyant qu'on a une aussi triste idée de sa force. Si les Français ne se souvenaient pas d'avoir, pendant vingt ans, dicté des lois à tous ces peuples si fiers de leur ignoble triomphe, ils pourraient croire, en voyant une soumission si aveugle, qu'ils ne sont plus capables d'entrer en lice avec eux. Ah! rendons-nous plus de justice à nous mêmes. Tous les élémens de la force et de la grandeur sont encore parmi nous. Les restes de nos immortelles phalanges suffiraient à eux seuls pour faire trembler nos 150,000 gardiens, et un million de bras qui les seconderaient, au besoin, pourrait encore humilier bien des superbes, et faire justice de bien des outrages.

Ne craignons pas, Messieurs, de proclamer ces vérités. Que les alliés se désabusent de l'idée de leur toute-puissance et de notre anéantissement; qu'en considérant notre position et la leur, ils nous sachent quelque gré de notre résignation et de notre patience, et qu'ils ne croient pas sur-tout pouvoir tout se permettre avec nous.

Proclamons à la face de l'Europe que nous voulons la paix, parce que nous en sentons le besoin; mais que si on nous forçait à la guerre, cette lutte du désespoir contre l'oppression pourrait encore être fatale à ceux qui la provoqueraient. Proclamons que nous voulons observer le traité, parce que, plus scrupuleux que bien d'autres, nous tenons à nos promesses et à nos engagemens ; mais disons aussi aux alliés, qu'ils sont plus intéressés que nous à le maintenir, et que si une folle présomption le leur faisait rompre, la France leur devrait peut-être des actions de grâces. Proclamons enfin que la nation, forte de ses souvenirs, de sa gloire, de ses ressources, de sa confiance dans son souverain et de l'amour réciproque qui les unit, veut régler elle-même ses intérêts, et ne doit d'autres ménagemens, d'autre condescendance à la coalition que l'accomplissement des traités.

C'est du caractère éminemment français qu'auront vos représentans, que vous devez attendre cette conduite. Il faut que dans leurs délibérations, vos députés oublient qu'il y a une armée étrangère sur nos frontières, qu'ils stipulent nos libertés, nos intérêts, nos droits, sans se soucier du mécontentement ou de l'approbation des alliés, et qu'ils ne se souviennent d'eux qu'en discutant les moyens de faire face aux charges dont ils nous accablent ; qu'inaccessibles à des terreurs qu'un Français ne doit pas connaître, animés pour les étrangers des sentimens que nous leur devons, ils ne se laissent pas plus séduire par leur officieuse sollicitude, qu'intimider par leurs menaces.

Tels seront, je l'espère, ceux que vous choisirez : dignes de représenter des Français, ils vous conserveront la paix dont vous avez besoin, par cela même qu'ils n'auront pas l'air de tant redouter de la voir rompue. Ils réclameront ce qui sera utile et avantageux à la nation, sans consulter le vœux des alliés. Ce qu'ils auront dit à la tribune, ils le diront encore, s'il le faut, devant les baïonnettes : Persuadés qu'ils seront que 250 représentans du peuple français peuvent décider, quand il leur plaira, du sort de 150,000 étrangers, comme la nation elle-même peut encore décider du sort de l'Europe, si l'on l'y réduit.

L'indépendant fut le dernier qui parla. Je vis que personne n'avait envie de le contredire, et au contraire l'air d'approbation de chacun annonçait une entière adhésion à ses sentimens. Tout le monde se regardait sans paraître disposé à renouveler la discussion. Quelques-uns même paraissaient surpris de ne trouver rien à dire à l'opinion de leurs voisins, quoiqu'ils n'eussent pas entièrement parlé dans le même sens qu'eux.

Je fis remarquer à mon ami le calme qui avait succédé à la dispute que nous avions trouvée si vivement engagée à notre arrivée. Ce silence lui dis-je, doit être regardé comme un accord tacite, et nos discuteurs vont bientôt en convenir eux-mêmes.

J'élevai la voix, et, m'adressant à tout le cercle:

Messieurs, dis-je, on eût cru en vous voyant disputer tout à l'heure, que vous étiez entièrement divisés d'opinion; cependant, depuis que chacun de vous s'est expliqué, vous paraissez surpris vous-mêmes d'avoir pu supposer entre nous une opposition qui n'existait pas. Il est probable que s'il y a quelque différence dans les sentimens de l'immense majorité des Français, elle n'existe qu'en apparence, et qu'une explication claire et précise la ferait disparaître : car, où les intérêts sont les mêmes, les opinions doivent être les mêmes. Or, personne ne niera que les intérêts du peuple français ne soient en ce moment tellement uniformes, tellement reconnus, qu'il serait imposible de lui faire prendre le change, et de le faire sortir de la route par laquelle le roi veut le conduire au terme de ses malheurs. Si donc il paraît y avoir quelque différence dans les motifs secondaires qui le dirigent, ce sont, n'en doutez pas, des nuances peu importantes qui vont se fondre dans une volonté générale.

Votre exemple, Messieurs, vient à l'appui de ce que j'avance. Chacun de vous, suivant qu'il a été froissé dans ses intérêts, son opinion ou son amour propre, désire, dans les représentans qu'il choisira, des dispositions contraires à celles qui ont fait naître les abus dont il se plaint; mais remarquez que tous ces vœux, nés d'intérêts différens, peuvent être satisfaits tous ensemble sans se nuire les uns aux autres, et que les qualités que chacun de vous exige dans un député, peuvent constituer un caractère unique, qui remplisse toutes les intentions particulières en remplissant l'intention générale. Je m'expliquerai avec plus de détails, Messieurs, car je sens que mes expressions ne rendent qu'imparfaitement mon idée.

Le premier de vous qui a parlé, a mis en avant le désintéressement comme la plus éminente qualité qui puisse distinguer un homme appelé à représenter ses concitoyens ; et en effet elle suppose une élévation de sentimens sans laquelle les plus heureux talens ne produiront jamais rien de grand et d'utile. C'est donc avec raison, que vous rechercherez cette précieuse vertu dans vos représentans ; celui qui la possédera, celui dont l'ame noble et élevée sera étrangère aux petits calculs de l'intérêt personnel, celui-là, soyez-en sûr, sera pénétré de sa dignité comme homme, de ses droits comme citoyen ; il aimera, il défendra les institutions qui garantissent l'un et l'autre. De cet attachement aux principes libéraux et à la constitution découlent naturellement le caractère, les opinions, la manière de voir, que chacun de vous désire ou réclame suivant ses vues particulières, suivant la position où il s'est trouvé.

Dès l'instant qu'il aimera la constitution par principes et par inclination, il défendra ses principaux attributs. Ainsi, la liberté de la presse et la liberté individuelle seront des droits sacrés pour lui Il ne permettra pas qu'on y porte atteinte, et si le malheur des temps y rend quelques restrictions nécessaires, du moins fera-t il ensorte qu'on ne puisse juger un auteur sur des intentions supposées, ni priver un citoyen de sa liberté sur une suspicion pure et simple.

Croyez vous, Messieurs, que celui qui aura ainsi signalé son amour pour les lois, pour la justice et pour l'humanité, puisse être indifférent à la gloire de son pays? Croyez-vous que, sacrifiant à des préjugés jusqu'aux espérances de la patrie, il veuille condamner la jeunesse à une grossière ignorance, à une vie obscure et inutile, et fermer devant elle la noble carrière où son courage l'appelle? qu'il consente à voir dans les prêtres les soutiens de l'état; dans de scandaleuses momeries, le rétablisement des mœurs; dans des déclamations absurdes et furibondes, le langage de la religion?

Ah! tel ne sera pas le citoyen que nos vœux appellent et que j'ai commencé à vous dépeindre. Tous les sentimens nobles se touchent, et l'amour de la patrie, qui est le premier et le plus sacré de tous, ne saurait lui être étranger.

Il respectera donc tout ce qui honore son pays. Il voudra que vos fils soient citoyens comme vous. Il aimera, il protégera la religion ; mais il sera inexorable sur tous les abus que ses ministres voudraient rétablir. La naissance ne sera pour lui un objet de vénération ni d'anathêmes : il n'y verra qu'une obligation de plus imposée à ceux qui en sont revêtus ; il les jugera d'après leur caractère, et non d'après leurs titres. Il sera sur ce sujet également éloigné de l'injustice qui proscrit indistinctement, et de la bassesse qui encense de même.

Les services rendus à la patrie et le malheur qui en résulte, seront sacrés à ses yeux. Sa loyauté l'empêchera même de supposer qu'on puisse les méconnaître. Non moins ennemi des hypocrites d'opinion que des hypocrites de religion, pénétré d'une juste horreur pour les délateurs, il ne permettra pas que les emplois et les faveurs réservés aux bons citoyens, soient le prix de leurs infâmes manœuvres. Enfin il aimera sa patrie par-dessus tout. Ce mot suffit, Messieurs, pour vous faire juger de quel œil il pourra voir les étrangers, et quels sentimens il aura pour eux.

Ainsi, chez un citoyen, toutes les vertus qui intéressent le bien public marchent ensemble, et sont, pour ainsi dire, inséparables les unes des autres ; ainsi les mêmes hommes peuvent satisfaire tous vos vœux. Pénétrés de cette importante vérité, concertez-vous bien entre vous sur le choix que vous ferez. Réunis d'intérêts, soyez-le aussi de volonté. Ne faites rien légèrement : car, dans un acte aussi important, les conséquences d'une erreur sont incalculables. Vous en seriez comptables à la patrie. Persuadez-vous bien enfin, que celui qui agirait contre sa conscience, ou qui se laisserait guider par des motifs étrangers au bien public, commettrait un crime envers l'état, envers ses concitoyens, envers lui-même.

Heureuse la nation qui, douée d'assez de discernement pour connaître ses intérêts, d'assez de fermeté pour les défendre, ne se laisse point abattre par le malheur, et trouve dans son passé la garantie de son avenir. Français, vous êtes cette nation. Tout ce qui vous entoure vous rappelle vos triomphes ; vos débris même attestent votre gloire, et tous nos souvenirs, en faisant naître des douleurs, doivent aussi réveiller des espérances.

Vingt-trois années de conquêtes et quatre années de malheurs ont retrempé toutes les ames, ont formé parmi vous des hommes qui n'attendent qu'un signal pour paraître au grand jour. C'est votre confiance qui leur donnera ce signal. Honorés de votre choix, ils ne chercheront qu'à le justifier. Ah ! vous verrez que vos douleurs ne sont pas sans consolations, vos maux sans remède, votre misère sans ressource. Alors votre caractère, éprouvé par tant de traverses, paraîtra dégagé de ces nuages impurs dont la superstition et les préjugés avaient voulu l'obscurcir ; Alors votre assemblée représentative, rejetant loin d'elle toutes ces doctrines anti-nationales dont la postérité rougira un jour pour nous, ne s'occupera plus que de vous rendre la dignité qui convient au rang que vous avez occupé dans l'Europe, que de faire renaître la confiance que vous avez en vous-mêmes, et avec cette confiance l'énergie nationale qui réhabilitera votre indépendance et votre gloire.

FIN.

www.ingramcontent.com/pod-product-compliance
Ingram Content Group UK Ltd.
Pitfield, Milton Keynes, MK11 3LW, UK
UKHW021103200726
13857UKWH00003B/1069

9 782012 979819